Une saga séfarade

Une saga séfarade

Alexandre Mostrel

A mes petits-enfants

Avant-propos

Enraciné dans la Tradition juive et soucieux de transmettre à mes enfants les valeurs et la richesse du patrimoine culturel et spirituel du judaïsme, l'héritage légué par nos ancêtres depuis plus de trois mille ans, je leur ai raconté, dès leur âge le plus tendre, l'Histoire du peuple juif, le récit de notre saga familiale et les diverses péripéties de mon propre itinéraire.

Devenus grands, mes enfants n'ont plus manifesté de curiosité pour mon passé, qu'ils appellent, avec une affectueuse dérision, « mes histoires d'antan ».

Par contre, mes petits-enfants, à la recherche de leurs origines et de leur identité, ont désiré mieux connaître l'épopée ancestrale et le long et dur parcours de mon atypique aventure. Faisant preuve de beaucoup de patience, de pertinence et de perspicacité, ils m'ont, à tour de rôle, interrogé longuement sur tous les événements qui ont jalonné ma vie. Ils ont abordé tous les sujets, posé des questions précises, parfois indiscrètes, sur mes tribulations, me réclamant le maximum de détails, des plus anodins aux plus intimes, sur ma vie privée. Ils m'ont interviewé à la façon de vrais journalistes ; il n'a manqué que le magnétophone.

Je me suis prêté au jeu et penché sur mon passé. Je leur ai livré, sans réserve, mes pensées et mes blessures les plus secrètes, mes joies, mes espoirs et mes peines, les failles, les fêlures et les fractures que la vie m'a infligées. Mes petits-enfants m'ont permis, à l'occasion de cet interview, de fouiller au fond de ma mémoire, remontant le cours du temps, faisant apparaître et défiler des bouffées de souvenirs, des souvenirs refoulés et enfouis au fond de moi-même et de revisiter, non sans une certaine émotion, les différentes étapes de mon long et hasardeux périple.

Il est toujours difficile de parler de soi, de se mettre à nu sans forfanterie. Je me suis efforcé d'échapper à la tentation de me donner le beau rôle, de flatter mon ego et me faire valoir.

L'aventure a démarré sur une interrogation : « Papy qu'est-ce que la nuit de cristal ? » Les questions se sont ensuite enchaînées, pêle-mêle. J'ai reconstitué le puzzle et effectué un travail de montage, à la manière dont on monte un film, pour replacer les faits, dans l'ordre chronologique de leur déroulement.

A. Mostrel

« *Il vaut mieux écrire ses mémoires avant de ne plus en avoir.* » (Tristan Bernard)

Chapitre un

Nos racines sont multiples. Mes parents, Juifs séfarades authentiques, sont nés en Turquie, pays à cheval entre l'Europe et l'Asie.

En hébreu, on désigne l'Espagne par le terme *Séfarad*. Les Juifs *séfarades* sont précisément les exilés qui, chassés d'Espagne, ont été accueillis à bras ouverts par le sultan ottoman Bejazet II, dans tous les territoires de son vaste empire. Ils essaimèrent dans l'ensemble des pays des Balkans et du bassin méditerranéen où ils préservèrent la culture hispanique du Moyen Age, la langue, la musique et les coutumes, transmises jusqu'à nos jours à travers les siècles et les générations.

Le terme de *Séfarade* englobe aujourd'hui les Juifs d'Afrique du Nord et les *Mizrahim*, les Juifs orientaux, Yéménites, Irakiens, Iraniens et Syriens, qui ne sont pas, en vérité, d'origine espagnole.

Mon père, Moïse, fils de Béhor Chabtaï Mistriel et de Déborah Benaderet, est né en 1905, à Bergama (Pergame). Il a laissé en Turquie une sœur dont j'ai oublié le prénom.

Ma mère, Mathilda Mazalto, fille de Moïse Ouziel, originaire de l'île de Rhodes, et de Hannah Abrami, est née en 1900, à Izmir (Smyrne), un haut lieu du judaïsme. Elle était la benjamine de la famille. Elle avait un frère, Avram, et trois sœurs : Vida, Sarina, et Rachel. Seule Vida est demeurée en Turquie jusqu'à sa montée en Israël, avec les siens.

Je n'ai connu ni grand-père ni grand-mère ; mes parents ont été orphelins dès leur plus jeune âge.

Mes grands-parents paternels avaient trouvé la mort au cours d'un *pogrom* qui a eu lieu à Pergame en 1915. Mon père n'a pas su me dire qui, des Grecs ou des bachi-bouzouks turcs, avaient assassiné ses parents. Il y eut des victimes juives imputables aux deux parties ; la barbarie était coutumière des deux côtés.

Je me souviens qu'en parlant d'une méchante personne, ma mère le désignait souvent par *el Greco malo*, le Grec méchant.

Mes grands-parents maternels sont décédés quand ma mère était encore jeune adolescente. Elle a été recueillie par sa sœur aînée, ma tante Sarah (Sarina), qui s'était séparée de son mari, beaucoup plus âgé qu'elle, pour prendre en charge sa jeune sœur. Elle l'a suivie dans son exil en France.

Mes parents se sont mariés très jeunes. Lorsque mon père a eu dix-neuf ans, le général Mustafa Kémal Atatürk, le nouveau président turc, qui avait renversé le sultan Mehmed VI, rompit avec le passé impérial et le sultanat, et instaura la république en 1923. Il voulut imposer le service

14

militaire aux *dhimmis*, les non-musulmans, considérés comme des sous-hommes et soumis à un statut inférieur, pour la première fois de leur histoire.

Pour éviter de passer trois années de galère dans l'armée turque, au régime extrêmement sévère s'apparentant à des travaux forcés, mon père décida de s'expatrier. Il emprunta le passeport de son cousin germain qui avait dépassé l'âge du recrutement dans l'armée. Tous deux se ressemblaient physiquement et portaient les mêmes noms et prénoms. De sorte que mon père est sorti de Turquie sans difficulté.

La majorité des Juifs turcs exilés se dirigeaient vers l'Argentine, parce qu'on y parlait l'Espagnol, ou vers la France s'ils étaient francophones. La France accueillait alors favorablement les jeunes immigrés car elle avait un grand besoin de main-d'œuvre ; la saignée de la Grande Guerre de 1914-1918 avait privé le pays de ses forces vives. Mes parents avaient appris le Français dans les écoles de l'**A**lliance **I**sraélite **U**niverselle (AIU) qu'ils avaient fréquentées en Turquie. Mon oncle maternel, Avram Ouziel, quant à lui, opta pour Buenos Aires.

Le véritable nom de mon père est Mistriel. Le passeport ottoman, rédigé originellement en caractères arabes, a été mal traduit par le Service français de l'immigration ; le nom a été changé en Mostrel. Mon père, craignant d'être recherché et extradé vers la Turquie, n'a sciemment pas relevé cette erreur de traduction. C'est ainsi qu'il nous léguera son nouveau patronyme : Mostrel.

Atatürk abolira, plus tard, l'alphabet arabe au profit de l'alphabet latin.

Pour la petite histoire : mon père a retrouvé en Israël son cousin Moïse Mistriel qui avait, à son tour, quitté sa Turquie natale pour faire son *alyah*. Mon père lui a rendu le passeport qui lui appartenait, une véritable antiquité.

Mes parents sont donc arrivés en France en 1924. Ils ont loué un appartement dans le 13ᵉ arrondissement de Marseille, rue Molière, où ils ont résidé jusqu'en octobre 1929, date de leur départ pour Tunis.

Je suis né le 18 juillet 1925 (correspondant à la date hébraïque du 26 Tamouz 5685) dans la maternité de la *Belle de Mai*. Je pesais quatre kilos à la naissance. Allaité longtemps au sein, j'étais un gros bébé, de constitution robuste. Ma sœur Anna est née également à Marseille, le 14 février 1927. Mes frères verront le jour à Tunis : Michel, conçu à

Marseille, naîtra le 28 novembre 1929, et Samuel, le benjamin, le 11 janvier 1932.

Je n'ai pas gardé de souvenirs très précis de ma prime enfance, ni de mon année d'école maternelle à Marseille. Tout ce dont je me souviens, de manière vague, ce sont les promenades avec mes parents, le long de la Canebière et sur les quais du Vieux-Port entouré de bistrots. Maman achetait sur place son poisson préféré, le *bouri*, le mulet, vendu à la criée par les pêcheurs dont les bateaux venaient accoster aux quais. J'étais fasciné par le spectacle des grands bateaux amarrés le long des quais, leurs cheminées crachant la fumée, les hauts mâts des voiliers ornés de fanions et de banderoles de toutes les couleurs flottant au vent. Me revient en mémoire l'image d'énormes grues transportant, du pont du bateau jusqu'aux quais encombrés ou inversement, de grands containers, des ballots de marchandises et des cageots de victuailles, des voitures, des bœufs, des moutons et des chevaux, dans d'immenses filets suspendus aux bouts des appareils de levage. J'ai gardé la désagréable et répulsive odeur iodée de la mer, qui, mêlée à des relents de poisson et des exhalaisons du cambouis, m'incommodait et me provoquait un haut-le-cœur.

J'ai, par contre, un souvenir plus précis du jour de notre départ de Marseille. Nous prenons l'embarcadère branlant réservé aux voyageurs de la classe économique. Nous nous installons sur le pont mouillé, encombré de gros câbles, près des canots de sauvetage amarrés et bâchés. J'entends le ronronnement lancinant des moteurs de fonds de cale. J'aperçois, en contrebas, les chevaux apeurés retenus par les rênes qui s'agitent, piaffent, hennissent, s'ébrouent, claquent des sabots sur le parquet. Je suis à la fois fasciné et effrayé. Je revois le bateau larguant les amarres et quittant le port, dans un grand vacarme de sirènes, la côte qui s'éloigne lentement jusqu'à être hors de vue, les mouettes volant en suivant le sillage du bateau, poussant des cris stridents et becquetant les détritus jetés à la mer par l'équipage. Un de ces volatiles se pose sur le pont ; un autre suit, puis un autre. Ils font un de ces boucans ! Ils me font peur. Je me blottis dans les bras de papa en pleurant.

Bientôt le bateau s'éloigne et vogue en pleine mer, l'horizon s'étend à perte de vue. Le navire est agité par la houle. Nous pique-niquons sur place avec les provisions apportées par mes parents. J'ai la nausée. Pour me distraire mon père me soulève et me montre, par dessus le bastingage, les dauphins qui suivent le bateau, émergent de l'eau, planent au-dessus des vagues, plongent et filent à la vitesse de l'éclair. Un vrai ballet aquatique. J'oublie mon mal de mer.

Nous dormons sur des chaises-longues ; des passagers sont couchés sur le plancher, recroquevillés comme des miséreux sous des couvertures trempées par les embruns. C'est le lot de tous les expatriés, déracinés, contraints de quitter leur pays et d'émigrer pour des horizons nouveaux, dans l'espoir d'un avenir meilleur. La traversée a été longue et éprouvante.

Mais parents avaient décidé de quitter la France à la demande de mon oncle, Salvator Sarfati. Après avoir quitté la Turquie et transité par l'Egypte, la Palestine et la France, lui, son épouse, la tante Rachel, sœur de ma mère, et leurs deux enfants, Yéhiel et Albert, s'étaient installés à Tunis. Ils incitèrent mes parents à les rejoindre, en les persuadant que la vie y était aussi agréable qu'à Izmir et que ce serait un bonheur si une partie de la famille, qui était dispersée sur quatre continents, s'y trouvait réunie. Nous quittâmes donc Marseille pour Tunis à l'automne de 1929, soit dix ans avant le grand cataclysme. Sans cette heureuse décision, une bénédiction véritablement providentielle, je ne serais plus de ce monde : si nous étions restés en France, nous aurions été déportés et aurions péri à Auschwitz, comme bon nombre d'immigrés

19

séfarades arrivés dans les années 1920 et installés à Marseille ou à Paris. Lorsqu'on évoque la Shoah, on passe généralement sous silence le martyrologe de centaines de milliers de Juifs séfarades de Grèce, de Bulgarie, de Roumanie et de France, parmi les six millions de victimes qui ont été exterminées par les nazis. Mes parents avaient fait un court séjour à Paris, à la rue Popincourt, dans le 11ᵉ arrondissement, le quartier judéo-espagnol, qu'on appelait alors : « *la petite Istanbul* ».

Mes parents n'avaient pas amassé de fortune à Marseille. En partant ils ne laissaient rien derrière eux. Surtout ils étaient encore jeunes ; ils avaient toute la vie devant eux. Néanmoins, il leur fallut à nouveau s'acclimater aux coutumes et aux mœurs d'un autre pays. Ils durent, comme tous les nouveaux immigrants, faire face aux problèmes classiques de l'environnement, du logement, du travail et surtout de la communication, dans un pays étranger et cosmopolite où se côtoyaient des Juifs, des Arabes et des Chrétiens qui parlaient des langues différentes : l'arabe, le français, l'italien, le maltais, l'espagnol ainsi que de nombreux dialectes. Notre famille est descendante des familles juives expulsées de la presqu'île ibérique en 1492 sous l'Inquisition, parce qu'elles refusaient d'abjurer leur foi juive et de se convertir au catholicisme. Les rois *très catholiques*, Isabelle 1re de Castille et Ferdinand d'Aragon, ne toléraient pas dans le Royaume d'Espagne d'autre religion que le catholicisme. Le *djudezmo*, ma langue maternelle, actuellement en déclin, est un métissage de la vieille langue castillane avec des termes hébraïques et des expressions turques. En famille et au sein de leur communauté, mes parents s'exprimaient en judéo-espagnol et, au-dehors, plus couramment en turc. Ils utilisaient parfois le turc lorsqu'ils échangeaient des secrets que les enfants ne devaient pas connaître. On confond souvent le *djudezmo*, la langue vernaculaire parlée par les Juifs séfarades, avec le *ladino* qui est la transcription littérale des Textes Sacrés en pur castillan du quinzième siècle. Je suis désormais le seul de la famille à pouvoir parler le *djudezmo*, le dernier maillon de la chaîne qui me relie à la génération des Juifs chassés d'Espagne en 1492. J'éprouve l'amer sentiment d'être, à la manière du dernier des Mohicans, « le dernier des Séfarades ».

A la base, le *djudezmo* est une langue latine, que je trouve belle et facile d'accès. Le florilège de *riflanes*, maximes populaires espagnoles, dont ils émaillaient leur langue, donnait de la saveur au parler de mes parents. Quelques exemples me viennent à l'esprit : « *Quien tuguerto nasse nunca se enderetcha*, Qui naît tordu jamais ne se redressera »,

« *En boca cerrada no entra moshka*, En bouche fermée n'entre pas mouche », comme on dirait : « Le silence est d'or » ; « *Aharva coulo que no pedo*, Frappe le c. qui n'a pas pété », protestation de la personne qu'on incrimine à tort ; « *Esclavos fuimos de Paro !* Nous avons été les esclaves du Pharaon ! » s'applique à une personne tyrannique, « *Hoy la meto, a magnana la quito*, Aujourd'hui je la mets, demain je la retire », expression coquine et ironique désignant une personne nonchalante, jamais pressée, « *tu te lo cantas y tu te lo bailas, toi tu te la chantes et toi tu te la danses* », l'équivalent de « A la fois tu interroges et tu donnes les réponses », « *Para nahamou* », équivalant à l'expression « Quand les poules auront des dents. » Si, au cours d'une conversation, leurs propos corroboraient un de ces dictons, mes parents concluaient, triomphants : « *Mira, riflan mentiroso no hay*, tu vois, il n'y a pas de dicton menteur. »

Maman nous racontait souvent des histoires. A la fin du conte elle disait : « *Eyos tengan bien i mosotros tambien*, Qu'ils aient du bien et nous aussi. » Ma mère n'était jamais à court de conseils de sagesse et de bon sens. Il lui arrivait de citer le *Livre des Proverbes* et parfois des adages populaires turcs, dont la signification m'échappait.

A peine descendus du bateau, mes parents se mirent en quête d'un logement dans le quartier juif, à proximité du domicile de ma tante, pour ne pas se sentir isolés. Ma tante habitait rue Sidi Baian, près de la Place Bab-Souika, à la limite du quartier arabe. C'est ainsi que nous emménageâmes dans un deux-pièces avec balcon, dans la *Hara*, le ghetto pauvre de Tunis, quartier jouxtant la Médina arabe. Dans cette maison, où l'électricité n'était pas encore installée, on s'éclairait à la lumière de lampes à pétrole, ou à l'aide de bougies lorsque le pétrole venait à manquer. Pour se chauffer, un poêle en fonte, à charbon de bois, nous servait de radiateur. Pour cuisiner, on se servait des marmites en laiton, trimballées depuis la Turquie. En guise de cuisinière, on utilisait un *canoun*, un réchaud en terre cuite, alimenté aussi au charbon de bois (plus tard on se servira d'un primus à pétrole). Comme il fallait empêcher le feu du *canoun* de s'éteindre, j'avais la charge d'éventer la braise, à l'aide d'une *mraouha,* un éventail en raphia monté sur un manche en bois sculpté. Ma mère en faisait parfois usage pour m'administrer une correction sur les parties dodues de mon anatomie, punition sûrement méritée pour mauvaise conduite. La pédagogie par la fessée était alors courante et ma mère n'y allait pas de main morte.

A défaut de réfrigérateur, qui n'était pas encore très répandu, les denrées périssables étaient conservées dans une bassine qui nous servait de glacière, remplie de pains de glace livrés à domicile. Il n'y avait pas encore de machine à laver. On frottait le linge dans un bac, à l'aide d'une planche à laver ; on le séchait sur des cordes tendues au balcon. Les toilettes, des W-C à la turque, situées à l'extérieur et attenantes à une salle d'eau, sans baignoire ni bidet, étaient communes aux trois familles voisines du patio.

Dans les chambres, nous n'avions que des lits, une table et deux grandes malles, transportées de Turquie, dans lesquelles étaient entassées toutes nos affaires. Ces jolies malles turques, matelassées à l'intérieur et joliment tapissées de velours aux dessins très colorés, à l'extérieur, nous servaient également de banquettes. Une partie de nos vêtements était enfermée dans des valises, rentrées, faute de place, sous les lits. On ressortait les chemises et les robes entièrement froissées. Bref, il n'y avait, dans ce très modeste logement, ni commodités, ni aucun confort. Mais cela reste le domaine enchanté de mon enfance.

Notre installation devait être provisoire ; nous y resterons, malheureusement, jusqu'en 1951, date de la *alyah*, la montée de mes parents en Israël, un petit pays en superficie mais immense en histoire, la terre de nos ancêtres enfin retrouvée. Une dernière transplantation qui mit fin à l'exil et à leur errance.

En Turquie, ma mère était brodeuse et mon père laborantin. Ma tante Sarina travaillait dans une fabrique de tabac (le tabac turc est très réputé). A Marseille mon père dut se reconvertir et pratiquer divers petits boulots : camelot, forain, vendeur de pralines sur les quais du Vieux-Port, tapissier à la Compagnie Ferroviaire, magasinier chez Bouchara, un commerce de tissus, et enfin figurant à l'Opéra. Je revois toujours, dans mon souvenir, mon père casqué, vêtu d'une cuirasse et tenant une hallebarde. A l'époque où mon père travaillait au Théâtre de l'Opéra ma mère et moi avions des entrées gratuites. C'est de là que date, sans doute, notre amour de la musique.

A Tunis mon père apprit sur le tas le métier de photographe ambulant. Il suivit les conseils de mon oncle Salvator qui pratiquait lui-même cette profession. Tous les photographes ambulants qui exerçaient leur métier à Tunis étaient curieusement des Juifs et des Arméniens, tous d'origine turque. Ils travaillaient en alternance en différentes places de Tunis et de la banlieue. Juifs et Arméniens étaient très liés. Ils s'exprimaient, indifféremment, en turc ou en arménien. Mon père avait appris l'arménien et le grec avec les enfants de son quartier, à Pergame, où cohabitaient Juifs, Turcs et Grecs. Bien sûr son vocabulaire se limitait aux simples conversations de rues. Mes parents avaient été témoins de l'épouvantable massacre de la population arménienne par l'armée ottomane au cours de la première guerre mondiale. Ils évoquaient avec horreur les maisons incendiées, les rues d'Izmir jonchées de cadavres, de femmes et d'enfants égorgés, le sang répandu ruisselant dans le caniveau. Cette boucherie effroyable, qui aurait décimé un million et demi d'Arméniens, n'est toujours pas officiellement reconnue par la Turquie.

J'étais âgé de quatre ans lorsque la famille arriva à Tunis. Lorsque j'eus cinq ans (j'en paraissais plus), je fus inscrit au *keteb OR TORAH*, une école d'instruction religieuse, à plein temps. Mes parents étaient traditionalistes et vivaient dans la crainte de *D.,* tout en n'étant pas très rigoristes dans la pratique religieuse. Ma mère croyait avec certitude que l'arrivée du *Mashiah*, le Messie, était proche. Elle était sûre que nous vivions des temps messianiques et m'assurait que, si le Messie ne venait pas de son vivant, il arriverait sûrement de mon temps. Le *Mashiah* ne s'est pas encore fait connaître, et nous vivons toujours dans l'espérance de son avènement proche.

Mon entrée au *keteb* a été une épreuve désastreuse et traumatisante. L'image du rabbi, qui était aussi le *guizbar*, le trésorier de la synagogue, est restée gravée dans ma mémoire. De petite taille et corpulent, il m'a paru très vieux, avec ses cheveux blancs, ses sourcils épais en broussaille, sa barbe dense et sa moustache fournie, ses dents jaunes quelque peu cariées. Habillé à l'orientale, comme la plupart des Juifs tunisiens de sa génération, en particulier les habitants du Sud Tunisien, il portait un *saroual* bouffant, une large ceinture de laine noire, nouée à la taille, sur une chemise à peu près blanche et des bas blancs. Il chaussait des *belghas*, sorte de mules en cuir, sans talon. Il était coiffé d'une *chéchia* défraîchie, surmontée d'un gland noir, qui se terminait par des franges pendant sur ses épaules. Pour sortir il s'enveloppait, en été, d'une *djellaba*, une longue tunique blanche et, en hiver, d'un *burnous*, un manteau à capuchon que portent généralement les Arabes. Il sniffait bruyamment la *nefa*, du tabac à priser, qu'il puisait dans une petite boîte ronde en fer blanc. La *nefa* salissait sa vénérable barbe blanche, ses narines et sa moustache. Il éternuait continuellement et usait pour se moucher d'un grand mouchoir à carreaux qui ressemblait à un torchon de cuisine.

Il ne parlait pas le français, et je ne parlais pas le patois Judéo-arabe, la langue usuelle des élèves de la classe. Comme je ne répondais pas à sa question : « *Oueld echkoun enti* ? Fils de qui es-tu ? », j'ai essuyé les quolibets de tous mes gentils petits camarades. Comme il insistait : « *Echmek* ? Quel est ton nom ? », je ne comprenais toujours pas, et le rabbi de se gausser. D'un ton goguenard, il me traita de *hamor* (« âne », en hébreu). Et la classe de s'esclaffer. Le rabbi épelle alors, un à un, les prénoms des élèves de la classe : Braïtou, Chloumou, Chouchou, Choua, Deïda, Fraji, Gagou, Hmaïnou, Khamouss, Lalou, Malou, Messaoud, Mouchi, Yaâcoub. Comprenant qu'il voulait connaître mon prénom, je lui réponds Alexandre. Je ne sais pas ce qu'il a enregistré ; il me dit : « *Eche* ? Quoi ? », signifiant : « Et le nom ? » Je lui réponds Mostrel. Les noms usuels des Juifs maghrébins sont pour la plupart d'origine berbère ; mon nom n'était vraiment pas commun en Tunisie ; je dois le lui répéter, toujours sous la huée de la classe, sans plus de succès. Mes congénères du *keteb* avaient des noms arabes : Allouche, Bouahssira, Khalfoun, Zeitoun...

Pour plus de simplification le rabbin m'appellera *barani*, « étranger ». Je n'ai pas mis beaucoup de temps à comprendre que j'étais différent des autres, *barani*, perçu comme un ovni venu d'une autre galaxie. J'étais rejeté, traité en paria. Je ne parlais pas l'arabe comme mes condisciples. Je n'étais pas un des leurs.

Ils ne comprenaient pas pourquoi je parlais en espagnol avec mes parents, au lieu de nous exprimer, *bel ârbi*, en arabe, comme tout le monde. J'étais en décalage. Les gens de mon quartier me demandaient souvent si nous étions vraiment des Juifs. Ils doutaient de notre judéité. Je dois convenir qu'en arrivant à Tunis mes parents ont eu la même réaction : ils étaient surpris que des Juifs ne parlent pas le *djudezmo*. A Marseille, ils s'étaient retrouvés entre Séfarades dans le quartier judéo-ibérique de l'Opéra. Ils se comprenaient. J'étais donc la tête de Turc, passez-moi l'expression, de mes petits camarades. Je souffrais de leurs railleries. Je commençais à avoir la peur des autres et à découvrir l'ostracisme et la sottise humaine.

A part la langue, mes parents se singularisaient aussi par leur aspect physique différent, de type européen. Ma mère était une grande et belle femme. Ma sœur et mes frères étaient blonds comme ma mère, avec des yeux clairs. Mon père avait des cheveux noirs, mais son teint était clair ; ses traits étaient fins. Sa belle prestance tranchait sur l'allure des Juifs environnants. Il était naturellement élégant, toujours tiré à quatre épingles. Nos voisins disaient de mon père qu'il était *kébri*, distingué. Nous n'écoutions pas la même musique ; nous ne mangions pas la même cuisine. Nous étions assimilés aux *Granas* (plus tard on nous appellera les *Zmerlis*, originaires de la ville d'Izmir).

Les Grana sont les descendants de Juifs d'origine séfarade qui, ayant dû quitter la presqu'île ibérique sous l'Inquisition, se sont dirigés dans un premier temps vers Rome, Gênes et Livourne, en Italie. Puis, venus d'Italie en Tunisie pour y faire du commerce, ils finirent par s'y installer. On reconnaît les membres de cette communauté, dite *livournaise*, par leurs noms italiens. Certains noms tels que : Calvo, Castro, Costa, Perez, ou Toledano, indiquent leur lointaine origine judéo-espagnole. Ils sont assimilés aux Granas. Généralement de nationalité italienne, les Granas jouissaient à la fois de la considération et de la jalousie, teintée de mépris, de la part des *Touansas*, les Juifs tunisiens autochtones d'ascendance berbère convertis au judaïsme. Font exception les Juifs de Djerba, descendant des exilés qui ont quitté la Judée six cents ans avant notre ère, avant même la destruction du Temple de Jérusalem. Les Granas étaient plus européanisés et de meilleure condition sociale que les *Touansas*. Ils envoyaient leurs petits enfants à l'école maternelle italienne, l'*asilo*. Un mariage *mixte,* entre un membre de la famille des Grana et un membre de la famille des *Touansas*, était vu comme une mésalliance. Chacune de ces communautés avait son grand-rabbin, ses synagogues, son abattoir et son propre cimetière. Ces différences disparaîtront après la guerre ; la communauté sera unifiée.

La famille de ma femme, Dina, appartient à cette communauté, côté paternel et côté maternel. Son père avait combattu sous l'uniforme italien, pendant la première guerre mondiale. A la libération de Tunis, les Granas furent requis pour des travaux de voirie, parce qu'ils étaient de nationalité italienne. On put voir ainsi des hommes costumés et cravatés balayer les rues. Suprême injustice, l'appartement des parents de Dina fut réquisitionné et occupé par un officier français et son épouse. Lorsqu'ils quittèrent les lieux, l'appartement était dans un état de crasse répugnante et les meubles restants, très endommagés.

L'étape la plus importante de notre intégration fut d'apprendre l'arabe. Lorsqu'on est jeune, on acquiert facilement de nouvelles langues étrangères autres que sa langue maternelle. Je ne sais ni lire, ni écrire l'arabe, ne l'ayant pas étudié à l'école mais j'appris à converser dans le dialecte judéo-arabe de la rue, avec les petits camarades du quartier. Il faut savoir que ce dialecte est différent de l'arabe classique, tel qu'on peut l'entendre à la radio ou dans les films arabes. Mes voisins prenaient un malin plaisir à me faire parler *bel ârbi.* Ils en riaient parce que je prononçais l'arabe avec l'accent marseillais, acquis à l'école maternelle. J'ai, depuis mon enfance, perdu cet accent ; mais je continue à rouler les *r.*

Ma pauvre maman n'arrivait à retenir que le strict vocabulaire nécessaire pour faire son marché. Je lui servais fréquemment d'interprète. Les autres membres de la famille ont fini par se familiariser, avec plus ou moins de bonheur, avec la langue arabe.

J'entamais donc ma scolarité au *keteb.* J'y appris à lire l'hébreu, à réciter les trois prières quotidiennes et les prières des *moadim,* les fêtes, à déchiffrer les *taamim,* notes musicales des chants liturgiques et à chanter la *haftara.* Ma voix était appréciée et me valut d'être admis dans la chorale du *keteb,* les *Ouled Bayout,* qui se produisait dans les maisons lors des *brith-milot,* des *bar-mitzvot* ou des mariages. Les enfants de la chorale étaient gratifiés, après les chants, d'un verre d'orgeat, d'une tranche de *bouscoutou,* du pain d'Espagne, ou d'un petit pain brioché avec une barre de chocolat.

Immergé dans le milieu tunisien, j'ai finalement été bien intégré dans le groupe et souvent invité à chanter en soliste. Je ne comprenais pas les paroles des *pyoutim*, les chants liturgiques, ni celles des *téhilim*, les psaumes, que je chantais sur un air oriental. Je les retenais à l'oreille, phonétiquement. Malgré le trac, j'éprouvais beaucoup de plaisir à chanter.

Je garde un excellent souvenir du rabbin Cohen, un *hakham*, un sage érudit, de grande qualité spirituelle, qui, m'ayant pris en estime, m'invitait à son domicile rue de Medjez-el-Bab, tous les samedis après-midi, pour célébrer dans une ambiance chaleureuse des *oneguei chabbat*, les plaisirs du *chabbat*, au cours desquels nous étudiions des pages du Talmud et chantions joyeusement. L'épouse du rabbin me gavait de bonbons et de gâteaux.

Tous les vendredis matin, les élèves du *keteb* étaient invités à faire la tournée des maisons juives du quartier pour collecter, dans un grand récipient en étain, de l'huile d'olive devant servir à l'allumage des *candils*, les luminaires du *chabbat*, dans la synagogue. Pendant les déplacements, avec mon pot rempli d'huile à ras bord, je renversais parfois le liquide gras sur mes vêtements, ce qui ne faisait pas la joie de ma mère qui me voyait rentrer à la maison, les mains poisseuses et les vêtements souillés ; mais elle était toujours la première à prélever de son huile pour la verser dans mon récipient.

Je restai deux ans au *keteb*. A la fin de ma deuxième année, je fus admis à passer au niveau supérieur au cours duquel je devais apprendre le *targum*, la traduction de l'hébreu et de l'araméen du *houmach*, le Pentateuque, et des *midrashim*, commentaires rabbiniques des grands maîtres et de Rachi en langue arabe, langue que je ne maîtrisais pas suffisamment. Je répétais, comme un perroquet : « *Bérek Enti Allah Ilana*, Bénis sois-Tu Allah notre **D.** », sans en comprendre un traître mot. Je quittais donc le *keteb* OR TORAH, où j'avais acquis les bases de l'enseignement religieux, pour intégrer l'école primaire de garçons de l'Alliance Israélite Universelle (AIU) et étudier les matières profanes.

Dès le début de l'année, je devançais mes camarades pour parler, lire et écrire en Français. J'avais commencé l'apprentissage de l'écriture sur une ardoise, à la craie blanche, puis sur un cahier à deux lignes, à l'aide d'un crayon *Caran d'Ache* bien affûté, et enfin en utilisant un porte-plume garni d'une plume *Sergent-major*, que je trempais dans un gobelet en porcelaine, inséré dans mon pupitre, bien rempli d'encre violette. Je m'appliquais à calligraphier les lettres avec soin, dessinant les pleins et les déliés, en évitant, sans y réussir toujours, de faire des taches d'encre sur mon cahier à grands carreaux, sur mes doigts ou mon tablier. J'épongeais l'encre à l'aide d'une feuille de buvard publicitaire, offerte par les *Cafés Bondin*.

Les classes étaient surchargées. J'étais assis, à l'étroit, sur un vieux banc délabré, que je partageais avec un et parfois deux camarades. Nous écrivions, serrés, au coude à coude. La place du milieu était la moins confortable.

J'excellais en composition française, en analyse grammaticale, en analyse logique et en dictée. J'avais des facilités en arithmétique, spécialement en calcul mental ; j'ai mémorisé très tôt la Table de Multiplication. J'adorais apprendre par cœur les récitations. J'avais grand plaisir à déclamer les pièces du théâtre classique français, les fables de Jean de La Fontaine et les poèmes langoureux de Lamartine et de Victor Hugo ou ceux, plus intimistes, de Sully Prud'homme. J'y mettais le ton, en joignant le geste à la parole. En Histoire, je n'avais aucun mal à retenir les noms des anciens comptoirs français de l'Inde : Pondichéry, Chandernagor, Yanaon, Karikal et Mahé. Je collectionnais les bons points et les images.

Je faisais mes devoirs du soir sur un coin de la table, sans aucune aide. Comme je lisais fort tard dans la nuit, à la lumière de la lampe à pétrole, ma mère me disait : « Tu as bientôt fini ? Eteins la lumière. A trop lire tu vas t'user les yeux ! » Elle devait aussi calculer ma consommation du combustible : « *El gas costa caro*, Le pétrole coûte cher. »

Chaque année, je passais de classe sans problème. J'entrai au CP à l'âge avancé de sept ans, après avoir étudié deux ans au *keteb*. A la sortie du CM2, j'étais l'élève le plus jeune à avoir reçu le diplôme du Certificat d'Etudes Primaires Elémentaires (CEPE).

Pendant l'année du CEPE, j'eus un maître remarquable, profondément humain, M. Bismuth dont j'admirais l'humour et la bonhomie. J'ai en mémoire une expression familière de ce cher maître, tirée du livre de nos prières quotidiennes, qu'il débitait, avec un air de commisération, les bras et les yeux levés au ciel, lorsqu'à une question posée, l'élève répondait par une ânerie : « *Ata honen lé adam daat ou mélamed léénoch binah*, Tu as gratifié l'homme de la connaissance et Tu lui as enseigné la compréhension. » ; ce qui invariablement déclenchait l'hilarité générale, à la grande confusion du cancre interrogé. M. Bismuth nous faisait arriver en classe, à six heures du matin, afin de nous préparer intensivement aux examens.

Durant les cinq années passées à l'école primaire, je me suis senti très à l'aise en classe. J'étais un élève studieux, comblé, stimulé dans le savoir par des enseignants qui étaient d'excellents pédagogues, très attachés à la réussite de leurs élèves.

A l'AIU je n'ai pas pâti de vexations ni d'agressions antisémites. Nous étions tous des Juifs. Il y avait quelques élèves musulmans dans nos classes : Farhat, Fellah, Belaouina, d'autres dont je ne me rappelle pas les noms. Ils étaient inscrits dans notre école, choisie de préférence par leurs parents en raison de son excellente réputation. Les brillants résultats obtenus aux examens par les élèves de l'Ecole de l'Alliance étaient toujours supérieurs à ceux des autres établissements scolaires, grâce à la qualité de l'enseignement qui y était dispensé. Tous les cours étaient assurés et les programmes respectés. En cas de force majeure (maître absent), les élèves étaient regroupés et entassés dans une autre classe. Je n'ai jamais vu d'enseignant faire la grève. Plusieurs membres du corps enseignant, professeurs et directeurs, étaient des Séfarades authentiques, originaires de Turquie ou de Bulgarie. Je dois beaucoup à ces bons maîtres, très proches de leurs élèves. Je leur serais toujours reconnaissant de m'avoir insufflé le goût des études, du travail et de l'effort. Nous n'avions pas le temps de nous ennuyer en classe.

Les règles étaient très strictes. Nous avions le respect et la crainte de nos enseignants. Ils nous forçaient à travailler dur. Ils exigeaient la discipline et les principes de politesse. Ils sanctionnaient les cancres en les envoyant au coin de la classe, *au piquet*, face au mur, ou bien, les coiffant d'un bonnet d'âne confectionné en carton, ils les faisaient promener de classe en classe où ils étaient bruyamment chahutés par les élèves. Ils avaient parfois recours à une paire de claques ou à des coups de règle sur les doigts, qui faisaient atrocement mal. C'était cruel, je le reconnais mais, en tous cas, efficace. Cela nous obligeait à être plus appliqués et plus attentifs pendant les cours.
Je sais gré à mes maîtres et à mes parents de n'avoir pas été permissifs, de m'avoir enseigné les devoirs, les règles à respecter et les limites à ne pas dépasser. Eduquer c'est savoir fixer des limites.

Par contre, mes petits camarades et moi étions confrontés à la violence et à l'antisémitisme des gosses arabes du quartier qui lançaient des cailloux sur les fenêtres de nos classes ; agression purement gratuite, haine absurde. La Direction de l'école fit installer des grillages aux fenêtres, pour notre protection. Ces *graines d'Islamistes terroristes* nous attendaient souvent à la sortie de l'école, nous poursuivaient et nous insultaient. Nous nous livrions alors à des batailles rangées à coups de lance-pierres ou, en combat rapproché, à coups de poings et de pieds. Les agents de police, pas très zélés, qui patrouillaient en tandem, un Français et un Arabe, n'intervenaient jamais au début de la castagne, au moment où nous étions attaqués, mais seulement quand nous nous défendions. Imaginez la frayeur de nos mères lorsqu'elles nous voyaient arriver, couverts de plaies et de bosses, les visages tuméfiés et nos vêtements lacérés. Le tablier noir aux bordures rouges que nous portions obligatoirement à l'école, et nos fonds de culottes déchirés, n'étaient pas rapidement remplacés, car mes parents étaient en manque dramatique d'argent ; ils étaient *illico presto* rapiécés ; de vrais patchworks !

Quand j'étais petit, j'avais souvent des cauchemars. Le plus récurrent était le suivant : je voyais la police à ma recherche, pour je ne sais quel délit, dont j'aurais été coupable, dans le passé. Redoutant d'être reconnu et arrêté, je me cachais. Je me réveillais en sueur, le cœur battant la chamade. Un soir j'ai rêvé que je bénéficiais d'une prescription pour *mon crime*. Ouf ! Ce cauchemar n'est plus revenu et mon angoisse a pris fin.

J'ai eu aussi des rêves agréables. Fréquemment, dans mes songes, je me voyais voler. Je me sentais euphorique. J'éprouvais un réel sentiment de bonheur. Je m'efforçais, inconsciemment, de retarder mon réveil, pour ne pas revenir à la réalité. Un psychanalyste, récemment entendu à la radio, donna l'interprétation de ce rêve très courant : « On vole pour échapper à la réalité, parce qu'on n'a pas la vie qu'on cherche. » Cela correspondait parfaitement à ma situation d'alors.

Echapper au réel, je ne faisais rien d'autre en me prenant de passion pour le cinéma. Celle-ci me valut d'ailleurs à deux reprises, de manifester le caractère tyrannique qui était le mien, étant enfant.

Je devais avoir sept ou huit ans, et le film *Le bagnard*, que je voulais voir, se jouait au cinéma Splendide, une salle du quartier. Je demandai à maman de me donner deux sous, le prix du billet d'entrée. Maman refusa. Révolté par ce refus, je me mis à pleurer, hurler, trépigner, exigeant douloureusement mes sous. J'étais au bord de la crise de nerfs. A bout de patience, maman finit par céder et me donna les deux sous. Je courus à corps perdu en direction du cinéma. Arrivé devant le guichet j'échangeai mes pièces contre un ticket d'entrée que je remis au portier. A peine étais-je assis, sur une chaise en bois grinçant, que le mot *FIN* s'affichait à l'écran. La séance était terminée. Le guichetier malhonnête refusa de me rembourser ou d'échanger mon ticket pour une prochaine séance.

La deuxième anecdote est de même nature, mais j'étais déjà un peu plus âgé. Nous étions, une fois encore, en visite chez ma tante Rachel. J'aimais bien ces réunions, cette immersion dans la famille qui n'était pas très nombreuse. J'avais l'occasion de jouer avec mes deux cousins, plus âgés que moi. Mes parents, tantes et oncle aimaient prendre un *mezze* copieux : œufs durs, concombres, fenouils, salades d'aubergines, petites sardines grillées. Ma tante Rachel et ma mère décidèrent d'aller au cinéma Eldorado, situé au Passage, la grande place du centre-ville de Tunis. J'étais déjà un mordu de cinéma, et j'exigeai d'aller avec elles. Bien entendu, elles refusèrent. Dès qu'elles furent sorties, je les suivis obstinément jusqu'à l'arrêt du tramway, proche du domicile de ma tante, à la Place Bab-Souika. Lorsque le tram arriva, ma mère recommanda au contrôleur de m'empêcher de monter dans la voiture sur le point de démarrer. Je courus derrière le tram, avec les forces du désespoir, tout le long de la Rue de l'Alfa et de l'Avenue de Londres, parcourant ainsi une distance de trois mille mètres environ, battant tous les records de vitesse ; si bien que je parvins à rattraper le tramway au terme du voyage. J'arrivai essoufflé, haletant, ruisselant de sueur. Mon cœur palpitait ; j'étais au bord de la syncope. Ma mère était loin d'imaginer que j'irais jusqu'au bout de mon obstination, courant le risque de passer sous la rame du tramway en tentant de le prendre en marche. J'obtins finalement gain de cause et entrai au cinéma avec ma mère et ma tante, sanglotant. Mes yeux étaient tellement brouillés que je ne vis rien des images projetées à l'écran. Je ne me souviens ni du titre, ni des acteurs du film. De ce jour, par crainte qu'il ne m'arrivât malheur, ma chère maman m'emmena avec elle au cinéma.

Les petites salles de quartier étaient minables : les sièges en bois étaient grinçants et inconfortables, l'acoustique mauvaise, les salles non climatisées ; absence d'ouvreuse. Les spectateurs choisissaient leur place en entrant ; les derniers arrivés s'asseyaient au premier rang, d'où ils ne pouvaient voir l'écran mural que la tête levée. Lorsque la salle était pleine, les retardataires s'asseyaient sur les marches des allées. On y projetait des films anciens, de médiocre qualité, aux images parfois brouillées. Des interruptions fréquentes, pour cause de rupture de pellicule, entraînaient de longues minutes d'attente, le temps de recoller le ruban, et provoquaient des huées et des sifflets de spectateurs mécontents. Durant tout le temps de la projection on entendait le cric-crac agaçant des *glibettes,* des graines de potiron ou de tournesol, que les spectateurs s'acharnaient à décortiquer, couvrant le sol d'épluchures.

Le Palmarium, le Mondial, l'ABC, le Colisée, le Capitole, le Paris, les cinémas les mieux fréquentés aux fauteuils rembourrés et très confortables, mais aussi les plus chers, se trouvaient hors de notre quartier, loin de la médiocrité de ses salles. On y projetait des films en *première vision*, deux par séance. Les sièges étaient numérotés : il fallait réserver ses places deux à trois jours à l'avance, pour être sûr d'avoir les mieux situées et pour la séance souhaitée. De jolies ouvreuses, en uniforme d'hôtesses, une torche à la main, plaçaient les spectateurs, qui n'étaient pas toujours très généreux. Lorsque le pourboire était oublié ou insuffisant, les hôtesses manifestaient bruyamment leur mécontentement. Dans certaines salles moins luxueuses, l'Eldorado, l'Empire, le Midi-Minuit ou l'Alhambra, on passait des films moins récents.

En ce temps-là, à chaque représentation, deux films étaient projetés, entrecoupés d'un entracte au cours duquel on passait des « réclames », par exemple pour un vin tonique dont le slogan était : *Dubo, Dubon, Dubonnet.* Une autre réclame, aux relents colonialistes, pour le chocolat en poudre d'une marque bien connue, représentait un tirailleur noir, à la mine réjouie, vêtu d'une tunique de zouave et coiffé d'une chéchia, disant dans une bulle : « *Y'a Bon Banania* », en découvrant ses dents blanches éclatantes. Pendant l'entracte on pouvait sortir et revenir dans la salle en présentant la contremarque reçue en sortant. A la reprise, avant la projection du deuxième grand film, on avait droit à un *cartoon* (un dessin animé de Walt Disney), les actualités de la semaine et un documentaire, réalisés par *Pathé* ou *Fox Movietone*. La séance de cinéma pouvait durer trois heures.

Comme tous les enfants de mon âge, j'étais un enfant insouciant. Mes parents traversaient des temps particulièrement difficiles mais je n'en avais pas conscience. J'appartenais à la même classe sociale que mes petits camarades : nous étions pareillement mal lotis, mal fagotés, mal nourris. Nous manquions d'espace, d'activités de divertissement et, cruellement, de jouets. J'avais en tout et pour tout une toupie et un sac de billes. Je bricolais, avec des bouts de bois ou des morceaux de carton, trains, camions et avions. Je cousais et confectionnais des balles en chiffon et, pour ma sœur, des poupées avec bras et jambes ; je traçais les yeux, le nez et la bouche à la plume ; je collais des bouts de laine, en guise de cheveux, sur le coussinet censé représenter la tête. Comme tous les enfants du monde, je dessinais et coloriais des maisons, des arbres, des animaux, des fruits et des fleurs. Aux premiers gribouillages ont succédé des dessins, qui se voulaient ressemblants, avec un peu d'imagination, aux personnages de films. Ma sœur, qui m'était très attachée, adorait mon travail d'artiste en herbe.

J'étais son aîné de dix-huit mois, et j'avais beaucoup d'ascendant sur elle. Anna et moi étions inséparables. Elle me jalousait bien un peu, non sans raison car nos parents marquaient une nette préférence pour le fils aîné de la famille, le *béhor*. J'étais mieux traité que ma sœur, toujours servi en premier. A moi, on accordait plus facilement ce que je demandais, de sorte que je partageai tout ce que j'avais avec elle. Ma sœur devait aider maman dans ses travaux ménagers, pendant qu'elle m'envoyait jouer dehors.

Comme dans toute fratrie, nous étions parfois en bisbille, disputes sans véritable importance. Anna était constamment collée à mes basques. Elle prétendait me suivre quand je sortais pour rejoindre mes amis au-dehors. Je refusais catégoriquement parce qu'elle n'aurait pas été à sa place au milieu de la bande de voyous que nous formions. Nos jeux étaient trop brutaux pour une fille. Je jouais le frère protecteur.

Elle fréquentait également l'Ecole des filles de l'Alliance, de la rue El Mechnaka. Elle était assez douée en tout, quoique un peu faible en calcul. Je l'aidais à faire ses devoirs. Le Français et l'orthographe étaient ses points forts. Elle avait et a toujours une belle écriture. Comme elle avait la paresse de lire, elle écoutait religieusement la lecture des livres qui m'avaient plu, que je lui lisais. Après le CEPE, obtenu à onze ans, elle refusa de poursuivre ses études à l'école secondaire, préférant prendre des cours de couture. Je m'efforçai de l'en dissuader ; au contraire, mes parents étaient heureux de sa décision. A leurs yeux, de longues études n'étaient d'aucune utilité pour une fille. Pour attirer les bons partis, surtout sans apport de dot, il fallait d'abord être une bonne cuisinière. Connaître le métier de couturière était un atout supplémentaire. C'était le destin généralement promis aux filles, en 1938. Filles et garçons n'étaient pas élevés de la même manière.

Plus tard, devenus adolescents, nous sortîmes ensemble pour aller au bal. Elle était d'une étonnante souplesse et dansait avec grâce ; elle se laissait bien conduire. Nous avions une prédilection pour la valse viennoise. Il nous est arrivé de gagner des concours de valse. Nous dansions aussi le tango argentin, sur les sensuelles mélodies de *La comparsita* ou *Mi Buenos ayres querido*, au son langoureux du bandonéon, ainsi que le paso doble, la rumba, la conga, la samba, le cha-cha-cha et autres danses latines. Nous nous trémoussions sur l'air, très en vogue à l'époque, de *Tico-tico*.

Pour en revenir aux jeux, n'ayant pas d'espace pour jouer à la maison, j'étais, je l'ai dit, la plupart du temps dehors. Dans la cour de récréation de l'école on jouait comme tous les enfants du monde à la marelle, en poussant, à cloche-pied, une pierre plate ou une boîte de pastilles Valda vide, sur des cases que je traçais à la craie, sur le sol ; à chat, à cache-cache, à colin-maillard, à saute-mouton, aux billes (*boutchis*) - j'étais heureux lorsque, à l'aide de mes modestes billes en terre, je rentrais à la maison avec des agates et des calots pleins les poches. Elles étaient parfois si pleines que leur poids faisait glisser mon pantalon, retenu par une corde en guise de ceinture. J'avais tout-à-fait l'allure d'un poulbot -, ou encore aux osselets que je fabriquais moi-même. A partir d'une dalle de marbre, que je récupérais auprès d'un marbrier et que je concassais au marteau, j'obtenais cinq fragments, de taille à peu près égale ; je sculptais et biseautais les aspérités de ces pierres entourant deux faces plates puis je les frottais sur le bord du trottoir pour en lisser les contours. On se livrait aussi à d'autres jeux inconnus de nos jours, comme les noyaux d'abricots : on faisait éclater un petit tas de noyaux d'abricots, placés à une certaine distance du tireur qui lançait avec autant d'adresse que possible la *manica*, un noyau évidé et alourdi de plomb ou de savon ; Il y avait aussi le *tiro*, qui se joue à l'aide de deux tronçons de bois coupés d'un manche à balai : avec le morceau le plus long, mesurant environ cinquante centimètres, le joueur frappe fort sur le morceau le plus court, taillé aux deux extrémités, dans le but de l'envoyer le plus loin possible ; de son point d'atterrissage il fait remonter ce bout de bois en frappant sur sa pointe afin de l'envoyer encore plus loin, cela à trois reprises ; on mesure la distance parcourue pour déterminer le vainqueur de la partie. Je pourrais enfin citer la *hofra* : dans un trou creusé entre deux pavés, on lance à tour de rôle des pièces d'un ou deux sous en bronze, ou des rondelles d'aluminium achetées chez l'épicier du coin. Le gagnant est celui qui en a introduit le plus. Les pièces mises dans la *hofra* sont acquises : j'y laissais souvent mes petites économies.

A la sortie de l'école, nous nous réunissions à la *batha*, un terrain vague qui était notre aire de jeu, à proximité de la maison. Notre principale distraction était de jouer au football, en nous servant de canettes de bière ou de boîtes de conserve cabossées. Je me livrais, avec l'inconscience d'un môme, au jeu dangereux de sauter d'une terrasse de maison à l'autre, des deux côtés de la rue, comme un véritable cascadeur. Prenant de plus en plus d'assurance et donc de risques, je franchissais des espaces de plus en plus larges. Une chute du haut d'un de ces immeubles, de trois ou quatre mètres, pouvait être fatale. La police nous pourchassait mais ne nous rattrapait jamais. Nous étions des enfants des rues, un peu livrés à nous-mêmes.

Chez moi, je jouais souvent au maître d'école, désignant mes frères, ma sœur et mes petits voisins comme élèves. J'étais un maître sévère, distribuant plus de mauvaises notes que de bonnes. Je prenais mon rôle très au sérieux.

Petit garçon, je n'ai pas souffert de la pauvreté. J'avais, à l'évidence, eu une enfance misérable, mais je n'en avais pas conscience car, sortant rarement du ghetto, je n'avais pas la possibilité de me comparer aux enfants de classe plus aisée. Je n'avais pas le sentiment de manquer de quoi que ce soit. Je baignais dans une ambiance chaleureuse et pleine de gaieté, malgré les privations. Pas un jour ne passait sans chant, sans rire, et nous faisions tout le temps la fête. Nous étions très attachés les uns aux autres. J'avais l'amour de mes parents ; j'étais choyé, particulièrement par ma tante Sarina, ma seconde mère qui, n'ayant pas eu d'enfant, me considérait et me traitait comme son propre son fils. Elle m'appelait son *petit pacha* ou bien *handiko*, diminutif de *Alejandro*. A ma grande gêne, elle continua à me laver dans un baquet rempli d'eau chaude, à me savonner et à me frictionner énergiquement à l'aide d'une *lofa*, une espèce de crin végétal, jusqu'à l'âge de douze ans. Elle m'a longtemps materné, avec amour. Je n'étais donc pas malheureux.

L'enfance, ce sont aussi ces senteurs et ces saveurs que l'on ne retrouve jamais. Pour un fils, la cuisine d'une mère n'est comparable à nulle autre. Ma mère et ma tante Sarina se relayaient sans relâche aux fourneaux, leur principale préoccupation étant de bien alimenter notre petite famille nombreuse. Le pain que préparait ma mère répandait dans la maison un intense et enivrant parfum. Chaque jour, très tôt le matin, elle se levait pour pétrir la pâte ; après avoir prélevé la *hala*, elle la laissait se lever une heure ou deux, puis la séparait en boules qu'elle formatait en pains ronds ou allongés. Elle me réservait une partie de cette pâte que je modelais en petits chats et en petits poissons. Elle confectionnait en même temps de savoureuses *roskas*, pains briochés, vernis en surface de jaune d'œuf et décorés de bris d'amandes ; elle posait le tout sur une planche à pain, qu'elle recouvrait d'une serviette, et portait tout au fournil du quartier. Quelques heures après, elle rapportait les pains et les *roskas* encore chauds à la maison. Je me précipitais alors, avec gourmandise, sur ces pains dorés et croustillants dont j'humais l'odeur appétissante et que je dévorais avec délice. Je m'empiffrais de petits pains-chats et de petits pains-poissons, sans attendre l'heure du repas.

Ma tante Sarina était aussi un fin cordon-bleu. Elle nous mitonnait les traditionnels plats turco-espagnols, des ragoûts roboratifs mijotés à l'huile d'olive et aromatisés d'épices (sans omettre *ajo y cebolla*, ail et oignon) dont elle avait le secret : *bamia*, aux gombos, *albournia*, mon plat de prédilection, aux aubergines, *fassoulia*, aux haricots verts, *kebab con prichil y lemon*, des carrés de viande dans une sauce au persil et au citron, *avicas* et *garvanzos*, deux ragoûts de haricots coco ou de pois chiches, *copeticas de carne*, des croquettes de viande, *yabrak*, des rouleaux de feuilles de vigne farcis de riz et de viande hachée, *mina*, une omelette pour laquelle on utilise pains azymes avec viande ou poulet, *macaron reynado*, le macaroni royal, autre forme d'omelette aux macaronis, garnie de viande et d'œufs, *pasteles,* des tartelettes farcies de viande et d'oignons, *boyos* ou *boréikas con queso o con espinaca*, des feuilletés au fromage ou aux épinards, *queso cotcho,* un fromage cuit dans une sorte de sauce béchamel… J'en passe, et des meilleurs. Tous ces bons plats remplissaient la maison de senteurs délicieuses.

Sont venus s'ajouter, à nos menus, des plats tunisiens appétissants que nous avons adoptés : le *couscous* avec boulettes à la viande ou au poisson, la *bkaïla,* un ragoût de haricots aux épinards, la *chakchouka,* un genre de ratatouille avec œufs et merguez et le fameux *msoki* de Pâques. Presque tous nos repas étaient accompagnés de riz.

En plus de ces spécialités culinaires, des plats *gustosos* (goûteux), ma tante Sarina était également très bonne pâtissière. Les gâteaux au miel qu'elle nous confectionnait avec art me font encore saliver : les *lokmas,* boules au miel, utilisant la farine de blé, ou la semoule des *matsoth*, de Pâques, frites et trempées dans le miel, les *travaros,* fourrés de pâte d'amandes ou de cacahuètes, les *baklavas, kourabiehs, loukoums* et autres douceurs d'Orient dont je ne me rappelle plus les noms. On allait parfois déguster ces spécialités turques dans les pâtisseries arabes du quartier de Halfaouine, les soirs de *Ramadan*, mois du jeûne des Musulmans. Il faut rappeler que l'empire ottoman s'étendait sur toute l'Afrique du Nord.

Au petit déjeuner nous prenions souvent, à la place du café au lait, un bol de *sahlep*, une soupe chaude de sorgho saupoudrée de cannelle en poudre et de sucre vanillé. J'aimais y ajouter parfois du lait concentré sucré. Je suis resté gourmand de tout ce qui est sucré. Je me gavais de bonbons à la menthe, achetés à l'unité chez l'épicier djerbien du coin.

A la sortie de l'école, un croûton de pain accompagné d'un bout de *kachcaval*, un fromage légèrement salé importé de Turquie, composait mon goûter. Si on manquait de *kachcaval*, une barre de chocolat Mougin faisait l'affaire. Certains jours, pour faire comme mes petits camarades, j'étalais sur une tranche de pain une couche d'*harissa* bien piquante, arrosée d'huile d'olive et garnie d'anchois. Cela emportait le palais, mais c'était très appétissant.

J'adorais regarder ma mère moudre le café en grains, torréfiés, à l'arôme enivrant, casser au pilon des olives vertes pour les mettre en saumure, effeuiller les artichauts et leur enlever la barbe avant de les farcir de viande, de riz et d'œufs, ou encore préparer les confitures de coings ou d'oranges amères, dans des bocaux en verre. Je m'attendris encore au souvenir de ces scènes familières des tendres années de mon enfance. Les odeurs ne sont plus les mêmes, la manière d'accommoder les plats est différente. C'était tout un art de vivre que, hélas, je ne retrouverai plus.

Mais si j'étais comme un coq en pâte à la maison, je n'étais pas à l'aise avec les gens, au dehors. Je me sentais *barani*, une tare indélébile ; j'en éprouvais un grand complexe. Mes camarades ne m'aimaient pas ; ils me jalousaient en raison de mes bons résultats en classe. J'étais tenu à l'écart. Aussi, je devenais taciturne, renfermé, recroquevillé sur moi-même. Les jeux de rue ne m'intéressaient plus. Pour fuir ma perpétuelle solitude, je me réfugiais dans mes trois passions : la lecture, la musique et le cinéma.

La télé n'existait pas encore, mais dès que l'électricité fut installée à la maison, mes parents firent l'acquisition d'un poste de TSF, de marque LL (Louis Lévy), que nous laissions allumé toute la journée. Mon père aimait la musique classique et le bel canto ; il s'est mis à apprécier ce genre de musique, lorsqu'il a été figurant à l'Opéra de Marseille. Ma mère préférait les mélodies turques et égyptiennes. Elle raffolait de la voix d'Oum Kalsoum (une chanteuse égyptienne qui s'illustrera, au moment de la Guerre du Kippour, en martelant sur les ondes du Caire : « *Ektel, ektel, edbah, edbah,* Tue ! tue ! égorge ! égorge ! », à l'adresse des soldats égyptiens qui partaient en guerre contre l'Etat d'Israël. Ces appels au meurtre rappellent ceux du secrétaire général de la Ligue arabe, Azzam Pacha, vociférant, à la veille de la guerre d'indépendance, en 1948 : « *Cette guerre sera une guerre d'extermination, un massacre général qui rappellera celui des Mongols et des Croisés.* » C'est pour avoir les coudées franches que les armées arabes obligèrent les Palestiniens à émigrer et à quitter leur terre. Fermons la parenthèse !

Moi, je vibrais au rythme de la musique noire américaine. Je raffolais du blues, inventé par les esclaves noirs travaillant dans les plantations de coton, aux Etats-Unis d'Amérique. J'étais fan des géants du jazz : Iturbi, Armstrong, Ellington, les trompettistes Dizzie Gillespie, chanteur et chef d'orchestre, Miles Davis, créateur du jazz-rock, et Mezz Mezzrow, les saxophonistes John Coltrane, Charlie Parker et Sidney Bechet, compositeur et chef d'orchestre au style New-Orleans, les guitaristes Jimmy Hendrix et Django Reinhardt, et beaucoup d'autres. J'ai aussi adoré le rock'n roll que les critiques d'alors jugeaient cacophonique et qualifiaient de « *musique pour délinquants* ». Ma mère aussi la supportait mal. Elle me disait : « Arrête cette musique qui me brise les tympans, on dirait du tam-tam africain ! »

Par mimétisme, ma sœur aimait la musique que j'aimais. Mes frères étaient encore trop jeunes pour s'intéresser à la musique en vogue ; ils fredonnaient *las canticas*, les mélodieuses chansons enfantines, que leur chantait maman le soir, à l'heure du dodo. J'ai en mémoire ces berceuses : « *Durme, mi angelico, durme*, dors mon petit ange, dors » et « *Viva, viva Palestina* », chantée sur l'air de la *Hatikvah*, l'hymne national israélien (signifiant espérance) et dont les paroles expriment l'espoir maintenu vivant, depuis deux mille ans, de retourner en terre d'Israël, en peuple libre. La Palestine signifiait originellement, pour le peuple juif, la Terre de Sion, terre sainte et terre promise.

Nous fîmes l'acquisition d'un phonographe de la marque Pathé-Marconi, *La Voix de son Maître* ; on faisait tourner, à la manivelle, des disques 45 tours en vinyle. Il y en avait pour tous les goûts. Toute la maison résonnait de musique et de chansons. Ma sœur Anna avait un joli brin de voix, et nous formions tous les deux un beau duo.

J'étais aussi, je l'ai dit, très mordu de septième art. Le cinéma hollywoodien me faisait particulièrement rêver. De vagues images des films

56

les plus anciens sont restées gravées dans ma mémoire : *Le Golem, Dracula, Gunga Din, Le cuirassé Potemkine, Le chien des Baskerville, La Habanéra, King Kong, Tom Mix, Frankenstein, Les Hauts de Hurlevent, Rin-Tin-Tin...* Je n'ai pas en tête les noms des interprètes de ces vieux films. J'allais au cinéma deux ou trois fois par semaine. Je fréquentais plus assidûment que les autres, avec ma mère, le Midi-Minuit, ouvert le matin entre dix et douze heures avec entrée à tarif réduit, et l'Alhambra. Ma mère ne se lassait pas de voir et revoir les comédies musicales. Les semaines sans films musicaux à l'écran la rendaient malheureuse. J'éprouvais la même passion qu'elle pour le chant, la danse et les spectacles musicaux. J'avais un penchant pour les grandes voix lyriques, entre autres celles de Beniamino Gigli, du sublime ténor Mario Lanza, grand interprète de *Caruso*, ou de Paul Robeson, magnifique basse. Nous appréciions aussi des chanteurs orientaux, le Tunisien Ali Riahi et les célèbres vedettes de films égyptiens Abdel Wahab et Farid el Atrache.

Cinéphile impénitent, j'achetais et collectionnais les photos de toutes les vedettes de légende, pour la plupart aujourd'hui disparues, auxquelles je m'identifiais. Je ne m'intéressais pas encore aux actrices, à l'exception de Judy Garland et de Shirley Temple, deux petites et ravissantes actrices, danseuses de claquettes, qui faisaient fureur. Devenu grand, je suis tombé amoureux de toutes les créatures de rêve que j'admirais à l'écran.

Enfin, avec la musique et le cinéma, la lecture reste ma plus grande passion. Grâce aux livres reçus en fin d'année scolaire en récompense de mes bons résultats, je découvrais avec émotion de grands auteurs : Alexandre Dumas, Michel Zévaco, Paul Féval, Jules Verne et Hector Malot, et dans leur traduction française Lewis Carroll, Jack London, Mark Twain ou Oscar Wilde. Le premier livre que je lus pour l'avoir reçu comme prix d'application en CP, avait pour titre : *Comment piloter un avion*. Il n'en fallait pas plus pour que je décide de devenir aviateur.

Ces premiers ouvrages m'ont fait aimer la lecture. Dans mes moments de solitude, je me réfugiais dans l'imaginaire des livres. Je m'étais pris d'un grand amour pour la langue française. Il n'y a pas de meilleur loisir que la lecture de beaux textes. Outre le plaisir et le bonheur qu'on éprouve en les lisant, les livres sont la meilleure source de connaissances, de découvertes et d'ouverture sur le monde. J'ai gardé l'habitude, depuis mon plus jeune âge, d'avoir toujours à portée de la main mon dictionnaire. Je le consulte régulièrement. J'enregistre sur un bloc-notes des expressions, des idées originales, un style d'écriture et des finesses de langage qui me séduisent.

Cela dit, j'attendais aussi tous les jeudis, avec la dernière impatience, la parution des *comics*. Je suivais passionnément dans l'hebdomadaire *Aventures* les exploits de Fantomas, Alain La Foudre, Tarzan, Mandrake, le fantôme du Bengale et, dans le *Journal de Mickey*, les personnages de Walt Disney.

Dans un premier temps, je ne possédais pas beaucoup de livres. Ma mère, qui avait du mal à joindre les deux bouts du fait des faibles revenus que mon père rapportait à la maison, ne pouvait pas satisfaire mon irrésistible envie de lire. Je me procurais des livres d'occasion, achetés souvent en mauvais état chez un bouquiniste de la rue Zarkoun. Je les lui revendais, après les avoir lus, au dixième du prix payé à l'achat. Plus tard, lorsque je commençai à gagner de l'argent, je m'achetai des livres neufs. J'adhérai au *Club Français du Livre*, qui publiait de superbes collections d'œuvres imprimées sur papier bible et reliées plein cuir avec dorures à l'or fin. J'éprouvais un immense plaisir à retirer les livres de leur emballage, à caresser les reliures, à sentir avec sensualité l'odeur du cuir et à les ranger soigneusement sur les rayons de ma nouvelle bibliothèque, que je rêvais de m'offrir quand je ne travaillais pas. Je l'ai fait confectionner par un ébéniste de la rue Saint-Antoine, à Paris, après en avoir dessiné les plans.

Laissez-moi vous raconter une anecdote amusante : à Tunis je ne disposais pas de meuble pour ranger mes livres. Je les posais sur des étagères, installées dans une espèce de petite niche creusée dans le mur, au dessus de mon lit. Un soir, au beau milieu de la nuit, j'entendis un grignotement dans ce qui me tenait lieu de bibliothèque. Me levant, j'aperçois une petite souris qui, sans doute *affamée de culture*, est en train de faire un festin de mes livres. Elle déguerpit rapidement à mon approche. Le lendemain je plaçai une souricière renfermant un morceau de fromage. Je répugnais à utiliser une tapette à souris et voir le petit mammifère écrasé. La souris, aussi friande de fromage que de livres, fut prise au piège. Je sortis la souricière dans la rue et, avisant un chat errant, ouvris la porte de la cage. La souris marqua un moment d'hésitation avant de sortir et de tenter de filer. N'étant pas aussi malicieuse que la Jerry futée du *cartoon*, la pauvre petite bête finit dans la gueule du félin.

Mais je ne peux raconter mon enfance sans donner une place toute particulière à ma mère, le centre de mon univers autant que nous, ses enfants, étions le sien. Rien d'autre n'avait de valeur à ses yeux ; elle était prête à donner son âme pour sa progéniture. C'était une femme au foyer, active, économe par la force des choses ; elle ne dépensait l'argent du ménage que pour la nourriture. Elle n'avait qu'une obsession : nourrir les siens. Elle nous gavait comme des oies. Si je ne vidais pas mon assiette de soupe, elle me poursuivait, la cuillère à la main : « *una cuchara mas*, encore une cuillère », puis une autre et une autre, jusqu'à ce que mon assiette fût vide. Elle répétait inlassablement : « *Come* ! Mange ! » et ajoutait : « *Comer bueno trae fuerzas ; comer bueno reforza el meollo*, Bien manger apporte des forces, bien manger renforce le cerveau. » Lorsque, parfois, il m'arrivait de roter, à la fin du repas, elle manifestait sa satisfaction par un : « *Bérakha i salud* ! Bénédiction et santé ! »

Elle incarnait la véritable *yiddishe mame*, fidèle à la représentation de la mère juive dans la littérature : omniprésente, chaleureuse, inquiète, pesante, ambitieuse, directive, possessive, excessive. Quand j'étais enfant j'aimais cette tendre sollicitude protectrice. Adolescent je finis par m'en agacer. Elle me faisait penser aux mères de Romain Gary et Jean-Jacques Servan-Schreiber, qui ambitionnaient pour leurs fils rien moins que l'accès à la magistrature suprême.

Ma mère était une femme formidable, généreuse, charitable, altruiste, pleine de compassion pour les malheureux. Elle s'apitoyait facilement sur les gens en souffrance. Elle gagnait le cœur de ceux qui l'approchaient. Comme dans la prière de « *échète hayl*, la femme vaillante », dédiée à la femme au foyer et récitée par le chef de famille après le *kiddouch,* prière sanctifiant le *chabbat* le vendredi soir : *« Elle ouvre sa main au pauvre et à l'opprimé. »* Je me rappelle que, malgré notre pauvreté, maman trouvait toujours une petite pièce pour le mendiant qui venait quémander à notre porte. Elle accomplissait naturellement sa *mitzvah* de *tsédaka*, un terme hébraïque traduit communément par « charité » mais qui, dans son sens littéral, signifie « justice ». Le Deutéronome prescrit : « *Ouvre ta main à ton frère, au pauvre, au nécessiteux qui sera dans ton pays.* »

Lorsque ma mère allait au marché, elle avait le coup d'œil pour repérer les meilleurs fruits et légumes, les plus beaux morceaux de viande, les poissons frais ; ce qu'il y avait de mieux et qu'elle payait inévitablement plus cher, quitte à se priver d'autre chose de moins essentiel. Sa spécialité : les pastèques. Elle distinguait, à leur écorce et à leur poids, les pastèques les plus rouges et les plus sucrées. Je la revois, ployant sous le poids de ces énormes cucurbitacées qu'elle trimballait du marché jusqu'à la maison. Parfois je l'accompagnais au souk ; elle refusait de me laisser porter son couffin, chargé de victuailles et de lourdes pastèques.

Ma mère avait un goût inné pour les belles toilettes. Elle se donnait l'apparence d'une petite-bourgeoise. Pourtant, elle ne dépensait presque rien pour elle ; tout allait à ses chéris. Le manque d'argent la désespérait, désolée qu'elle était de ne pouvoir nous combler comme elle l'aurait souhaité. Et puis elle rêvait tant d'élégance ! Lorsqu'elle a été plus fortunée, elle nous a tous habillés avec beaucoup de recherche et de distinction. Je me souviens d'un ensemble Prince de Galles qu'elle avait fait tailler à mes mesures : une veste à carreaux, avec une martingale dans le dos, et un pantalon golf, très *british fashion*. Mes chaussures, aux semelles en crêpe, étaient également confectionnées sur mesures. Cet ensemble chic faisait fureur dans mon quartier.

Je crois que j'ai hérité d'elle le sens de l'humain et de la droiture, la valeur du travail et de la rigueur, le culte du bon goût, de l'élégance, de l'esthétique, l'amour du chant et de la musique et, *last but not least*, un attachement très fort à la famille. Lorsque je suis devenu père, j'ai transmis à mes enfants ce trop-plein de tendresse et d'amour.

J'ai, suivant son exemple, été intransigeant sur les valeurs essentielles qu'elle m'a léguées et qu'à leur tour mes enfants transmettent à mes petits-enfants.

Ma mère fut fière de ma réussite sociale, à l'inverse de mon père qui toute ma vie durant m'a jalousé ; sans doute avais-je réalisé ce dont il avait rêvé sans jamais l'obtenir.

Malgré leurs modestes revenus, mes parents étaient des gens très fiers et très dignes. Ils ont dû, malheureusement, rabattre leur fierté, quand ils ont dû faire face à leurs peu reluisantes conditions économiques. Ils se sont trouvés dans l'obligation de solliciter des aides sociales. Ayant acquis la nationalité française en 1930 par la naturalisation, ils étaient en droit, comme d'autres familles nombreuses françaises nécessiteuses, de bénéficier de ces aides. Ils recevaient de la Société Française de Bienfaisance, non sans une certaine gêne, un secours consistant en une allocation financière mensuelle dont l'importance dépendait du bon vouloir du fonctionnaire préposé à cette distribution. Ce fonctionnaire était antisémite ; il privilégiait ses bonnes têtes. Cette œuvre caritative octroyait aussi une aide alimentaire : sucre, huile, pâtes et paquets de charcuterie que ma mère s'empressait d'offrir à nos voisines italiennes. Elle éprouvait une vive répulsion à la pensée d'avoir eu entre les mains cette cochonnaille ; bien empaquetée ou non, ma mère s'empressait d'aller se laver vigoureusement les mains au savon. Mes parents recevaient également, une fois par an, une paire de brodequins pour chaque enfant. J'accompagnais ma mère le jour de cette distribution. J'en éprouvais une joie débordante car c'était pour moi l'unique occasion de sortir de mon quartier et de découvrir le centre-ville, « le quartier chic » comme il m'apparaissait alors. Après une visite à domicile de deux dames patronnesses venues vérifier que la famille était bien dans le besoin, le service social de la communauté juive de son côté remettait à mes parents deux couvertures en laine, tous les deux ans. A l'âge que j'avais, je trouvais naturelles ces allocations. Je n'en éprouvais ni honte, ni gêne. Les dons, en espèces et en nature, ajoutaient du beurre dans nos épinards. Ils ont cessé de nous être accordés, dès que la situation économique de la famille se fut améliorée.

Selon le psychanalyste Boris Cyrulnik : « *Seul deviendra souvenir ce qui est chargé d'émotion.* » Or, un événement dramatique, un moment de forte émotion et d'angoisse, est resté gravé dans ma mémoire. J'ai découvert à cette occasion la détresse immense qu'ont endurée mes parents du fait de leur pauvreté.

La méningite frappa ma jeune sœur Anna, alors âgée de trois ans. Elle resta de longues semaines entre la vie et la mort. Il n'existait pas alors de vaccin contre cette maladie contagieuse. Les remèdes prescrits par les médecins étaient aléatoires. Il n'existait pas non plus de régime de Sécurité Sociale susceptible de prendre en charge un traitement coûteux ou une hospitalisation ; seuls les fonctionnaires étaient alors assurés. Mes parents ne percevaient pas d'allocations familiales pour la charge de leurs quatre enfants ; elles n'existaient pas non plus. Comment dans ces conditions faire appel à un bon médecin, sans disposer des moyens pour payer ses honoraires ?

A l'époque, pour se soigner, les pauvres n'avaient pas d'autres ressources que de recourir aux remèdes de bonne femme : ventouses, cataplasmes ou frictions à l'huile camphrée pour les bronchites, purges ou lavements pour des embarras gastriques, tisanes, sangsues et autres ingrédients, non homologués par le corps médical, pour toutes sortes d'autres affections. Pour soigner ma rhino-pharyngite chronique, ma mère me badigeonnait la gorge avec du bleu de méthylène.

Ma sœur réchappa de la maladie grâce au docteur Semama. Bien que chichement rétribué, il

66

lui prodigua ses soins, quotidiennement, avec le plus grand dévouement. Tous les merveilleux docteurs du ghetto, ces hommes d'exception qui, comme le bon docteur Semama, venaient soigner les malades à domicile, de jour comme de nuit, et leur apporter le soutien moral dont ils avaient besoin, méritent un fervent hommage. Je pense spécialement au plus populaire d'entre eux, le Dr Scialom.

Mais la mémoire n'est pas faite que de souvenirs traumatisants. J'ai gardé de mon enfance une foule de souvenirs bariolés qui furent le sel de ma vie quotidienne en Tunisie. Certains sortent du lot, d'autres se fondent dans la continuité étale des jours ordinaires. Je vais tâcher de réveiller l'esprit de ce temps passé.

La Tunisie était un pays agricole chaud. Certaines années de sécheresse, des prières collectives étaient récitées dans la rue ; curés, rabbins et caïds, en tête de cortège, imploraient le ciel d'ouvrir ses vannes et de faire tomber la pluie bienfaisante. Des nuages de criquets dévastateurs s'abattaient certains étés sur le pays et ravageaient les maigres récoltes des fellahs. Dans de telles circonstances, on voyait des bandes de bédouins, affamés, armés de gourdins, déferler dans les rues de la vieille ville et s'adonner à des razzias, raflant tout sur leur passage : au grand désespoir des boulangers, légumiers et épiciers qui n'ont pas eu le temps de baisser les rideaux de tôle ondulée de leurs échoppes ou de sauver leurs étalages. Les malheureux qui osaient résister étaient assommés par la bastonnade bédouine. L'invasion de sauterelles, quittant les champs, s'abattait parfois sur la ville. Des concerts assourdissants de casseroles étaient organisés pour chasser ces indésirables prédateurs. Les bestioles s'envolaient pour se poser ailleurs ; quelques essaims atterrissaient au sol ; ne pouvant les éviter, les voitures roulaient dessus et les écrasaient, provoquant une masse visqueuse et glissante, sur la chaussée.

Des pluies torrentielles provoquaient souvent l'inondation de certaines rues de Tunis où le système d'évacuation des eaux était défaillant. On traversait la rue sur des passerelles improvisées, formées de madriers. Les gens, qui n'osaient pas emprunter ces passerelles instables, montaient à califourchon sur le dos d'un passeur, un pauvre bougre qui, pour une pièce de deux sous, s'improvisait canasson. La pluie ne durait jamais très longtemps. Après chaque averse, le soleil réapparaissait, miraculeusement, dans toute sa splendeur, dans un ciel bleu d'azur où on pouvait voir se dessiner un magnifique arc-en-ciel.

Un soir de grande chaleur, pour échapper à la touffeur de ma chambre et avoir plus de fraîcheur, j'étalai mon matelas au balcon et je me couchai au clair de lune. Au bout de quelques minutes, j'entendis un frottement insolite près de mon oreille. Intrigué je me levai pour voir ce qui pouvait courir sur mon oreiller. J'aperçus, à la lumière du réverbère municipal, un scorpion jaune qui, aussitôt, dressa son dard, prêt à piquer. J'eus la présence d'esprit de secouer mon coussin et de balancer dans la rue la vilaine bête, du haut du balcon.

En soulevant des pierres du terrain vague de la *batha* où nous jouions, il nous arrivait de découvrir un nid de scorpions. On allumait des brindilles en formant un cercle, on prenait le scorpion à l'aide d'une pince à charbon et on le déposait au centre. Ne trouvant pas d'issue, le scorpion finissait par se piquer lui-même. Tous les gamins prenaient un grand plaisir à ce jeu cruel.

Notre maison était située à un carrefour de cinq rues. De notre balcon, où ma mère faisait pousser de la menthe dont elle aromatisait notre thé, et d'autres plantes odoriférantes, nous nous trouvions aux premières loges pour assister aux divers spectacles, folkloriques et divertissants, qui se déroulaient sous nos yeux. Pour donner un exemple, quelques jours avant la célébration d'un mariage, les Juifs tunisiens procédaient à la cérémonie de la *hana*, le henné, une coutume berbère. A cette occasion, le *hatan*, le fiancé, garnissait une corbeille en osier de riches étoffes de soie et de satin, de plusieurs paires de chaussures et d'autres présents précieux, destinés à la *kalah*, l'élue de son cœur. Il portait la corbeille, sous escorte, à son domicile. Une *aouadia*, formée d'un trio de musiciens arabes, un fifre et deux tambourins, précédait le cortège des parents et amis qui défilaient jusqu'à la maison de la future épouse.

La célébration des fêtes juives est liée au calendrier hébraïque. Notre vécu était donc rythmé par l'accomplissement du rituel propre à ces fêtes. Ainsi, à l'occasion de la *hiloula*, qui commémore le souvenir des grands rabbanim, rabbi Meir, rabbi Chimon Bar Yohay et d'autres grands maîtres du judaïsme, les fidèles se rendaient à la synagogue, en portant de grands cierges joliment ornés de rubans multicolores en papier festonné. Je descendais de chez moi et suivais le défilé jusqu'à la synagogue *slat ekbira*, la grande synagogue de la *batha*, pour participer à cette joyeuse fête. On accédait, à l'intérieur de cette synagogue en descendant un escalier. On célébrait la mémoire de ces saints hommes par des prières et des chants, aux airs orientaux, en buvant des alcools et en mangeant des *kémias*, des amuse-gueule servis à l'apéritif : des fèves bouillies, parfumées au cumin, des *teurchis khel,* variantes de légumes macérés dans du vinaigre, des amandes, pistaches, noisettes, glibettes, ainsi que d'autres variétés de salades. Un orchestre oriental accompagnait les fidèles qui psalmodiaient des chants liturgiques.

Pendant le mois de *Ellul*, qui précède la fête de *Rosh Hachana*, le Jour de l'An juif, appelé aussi *Yom Hazikaron*, jour du souvenir, jusqu'au *Yom Kippour*, le jour le plus solennel de la vie juive, jour de pénitence et du Grand Pardon, le bedeau de la synagogue passait dans les ruelles dès poltron minet, tambourinait sur les portes des maisons et appelait les fidèles juifs à se rendre sur les lieux de prières, en criant : *Sélihot !* Pendant cette période de repentance, nous adressions à **D.** nos supplications, pour demander pardon de tous les péchés ou les mauvaises actions dont nous nous étions rendus coupables durant l'année écoulée et dont il fallait se souvenir impérativement. A la clôture de la fête, nous pratiquions la cérémonie du *Tachlikh*, en retournant nos poches vides, pour jeter symboliquement dans un puits tous nos péchés. Dans la liturgie du premier soir de *Rosh Hachana*, nous émettions le vœu « *que finisse cette année avec ses malédictions ; que l'année nouvelle commence*

71

avec ses bénédictions, amen ! » Pour *Yom Kippour*, on avait la coutume d'acheter autant de coqs et de poules que de membres, mâles et femelles, que comportait la famille. Ces volatiles, sur lesquels nous transférions nos péchés, étaient conduits chez le *chohet* qui les égorgeait sur place, après avoir récité les prières des *kaparoths*, le rituel des sacrifices. Les volailles étaient ensuite, en partie ou en totalité, distribuées aux pauvres ; les pauvres n'étaient jamais oubliés dans notre tradition.

A *Souccoth*, la fête des cabanes, mon père construisait sur notre balcon une *souccah*, demeure de fortune, éphémère et fragile, rappelant la cabane dans laquelle la génération des enfants d'Israël avait résidé, après la sortie d'Egypte. Encadrée de branches de palmier et recouverte de feuillages, achetés dans notre quartier dans un marché improvisé, la *souccah* était décorée, éclairée, garnie de fruits et de légumes : grenades, pommes, dattes, grappes de raisins, coings, tomates, aubergines, poivrons rouges et verts, épis de blé. J'étais fasciné. Je construisais ma propre petite *souccah*, dans le patio et la décorais comme la grande. J'avais peur d'y dormir le soir, hors de ma chambre ; j'y prenais seulement mes repas, pendant les huit jours que durait la fête.

Hanouccah célèbre à la fois la victoire militaire d'une poignée de résistants, les

Hasmonéens, sous la conduite des Macchabées, contre la domination gréco-syrienne, et le miracle de la petite fiole d'huile pure qui a permis l'allumage de la *ménorah* du Temple pendant huit jours, alors que sa capacité ne devait suffire que pour un jour. A cette occasion, nous fêtons la libération du Temple de Jérusalem en allumant la *hanoukiah*, chandelier à huit branches. J'avais ma petite *hanoukiah* en fer blanc, formée de huit petits récipients à huile dans lesquels trempaient des mèches de coton que nous allumions en progressant, chaque soir, de une à huit.

Les Juifs tunisiens avaient la coutume de célébrer la *séoudat Ytro*, fête qui commémore, dans la semaine où l'on récite la *parachah* de Ytro, la fin d'une épidémie qui, au 19e siècle, emportait les jeunes garçons. Les pâtissiers confectionnaient, à l'occasion de cette fête, de mini-gâteaux, servis dans des mini-assiettes. On buvait des boissons dans des mini-verres. Certains Tunes continuent de perpétuer cette fête des garçons, en France.

Pourim est la fête juive la plus joyeuse et la plus festive. Elle commémore le sauvetage des Juifs de la ville de Suze des mains du sinistre Aman, grâce à l'intervention de la reine Esther, nièce de Mardochée, auprès du roi Assuérus, son époux. Aman était le descendant d'Amalek, qui avait attaqué Israël lors de la sortie d'Egypte. Il

73

avait décidé d'exterminer tous les Juifs du royaume. J'adorais écouter la lecture de la *méguila*, l'histoire de *Pourim*, à la synagogue. Chaque fois que le nom d'*arour* (le maudit) Aman était cité, tout le monde trépignait et faisait tourner les crécelles. Des manèges étaient exceptionnellement installés dans la *batha* ; j'y faisais de nombreux tours. On assistait, dans la rue, à un déchaînement d'explosions de pétards sous notre balcon. Les jeunes et les moins jeunes se déguisaient, se lançaient des cotillons et des confettis. Un joyeux carnaval ! A Pourim nous avons trois obligations : écouter attentivement la lecture de la *méguila*, échanger avec son entourage des produits comestibles et donner aux pauvres. Le jour de Pourim, il est dans la tradition de boire plus que de coutume. Esther étant la salvatrice des Juifs, Pourim a été décrétée « *fête des filles* ».

Pendant la fête *Pessah*, la Pâque, qui commémore la fin de la longue période de souffrances des Hébreux en Egypte, marque le passage de l'esclavage à la liberté. On mange, durant huit jours, des *matsoth*, les pains azymes. Chez nous les *kitnioth*, les graines, telles le riz et les légumes secs, étaient interdites à la consommation alors que les Juifs tunisiens en consommaient, à l'exception des pois-chiches, en raison, dit-on, de leur nom *hams* qui se rapproche du mot hébreu *hamets*, signifiant levain, exclu de l'alimentation à Pâque. Mes parents finiront par introduire le riz dans les repas de Pessah, en concordance avec les Tunes.

Les *matsoth* fabriquées à Tunis sous forme de galettes rondes trouées, étaient dures ; je préférais les *matsoth* fines importées de France. Les galettes rondes entraient dans la préparation du *msoki*, une espèce de ratatouille tunisienne, aromatisée à la menthe et contenant l'*osbane*, une grosse saucisse farcie de tripes, épicées à souhait. Nous avons adopté le *msoki*.

Le soir du *séder*, le rituel de la nuit pascale, nous lisons la *Hagadah de luz*, le récit de lumière de la sortie d'Egypte. J'adorais porter sur mon épaule la serviette contenant l'*afikomen*, une des deux moitiés de la *matsa* que l'on consomme à la fin du repas. Ce paquet symbolisait le baluchon du pèlerin qui se rendait à Jérusalem. Pendant toute la soirée, une chaise restait libre, réservée, pour la venue de *Eliyahou ha Nabi*, le prophète Elie, annonciateur de l'arrivée du *Mashiah*. A la fin du repas et des prières de grâces, nous chantions les cantiques de *Had gadia* et *Ehad mi yodeâ*, en hébreu et en judéo-espagnol, dans une chaude ambiance familiale. A Pessah nous proclamons, année après année, le vœu traditionnel : « *L'an prochain à Jérusalem reconstruite, en hommes libres.* »

Pour la fête de *Chavouoth*, qui célèbre le don au peuple juif de la *Torah*, reçue par Mosché Rabbénou (Moïse) sur le Mont Sinaï, nous avions coutume de consommer des laitages, spécialement le *zerde*, riz au lait, saupoudré de sucre vanillé et de cannelle.

Entre *Pessah* et *Chavouoth*, période de deuil qui nous rappelle la mort de Rabbi Akiba et de ses 2400 disciples, tués lors de la révolte menée par Bar Kokhba contre les Romains, on ne célèbre pas de réjouissances, on ne se marie pas, on ne se rase pas, on ne se coupe pas les ongles, on n'étrenne pas d'objet ni de vêtement neufs. Ce deuil prend fin après *Lag baomer*, le trente-troisième jour de l'*Omer*, date anniversaire de la mort de rabbi Chimon bar Yohaï, auteur du *Zohar*, le Livre de la Splendeur.

Le jour de *Ticha béav*, le 9 du mois d'Av, date commémorative de l'incendie du *Beit Hamikdash*, le Temple de Jérusalem, et du massacre de ses habitants par les armées de Titus (un million de morts selon Flavius Josèphe), les Juifs perpétuent depuis des siècles le souvenir de cette destruction, par une journée de jeûne de vingt-six heures et par la lecture du Livre des Lamentations. Pendant cette période d'affliction il est également interdit de se raser, de se couper les cheveux, d'écouter de la musique. Mes voisines, assises à même le sol, se

76

frappaient le visage et se lamentaient, en arabe, comme pour un jour de deuil familial.

Ce qu'il y avait de remarquable à Tunis, c'était que les samedis et les jours des principales fêtes juives, presque tous les magasins étaient fermés, aussi bien dans le quartier juif que dans le reste de la ville. On y sentait une véritable atmosphère de fête. Nous allions à la synagogue. A la fin des offices religieux, les jeunes gens endimanchés se pavanaient le long de l'Avenue de Paris et de l'Avenue Jules Ferry ou bien ils se rendaient au Parc du Belvédère.

A chaque enterrement, on voyait passer le cortège funéraire, sous notre balcon. Le corps du défunt, enveloppé dans son linceul, reposait sur une civière portée par plusieurs hommes. Tout les hommes se faisaient un devoir de porter la civière par les brancards, à tour de rôle, jusqu'au corbillard qui, ne pouvant accéder au domicile du mort par nos ruelles étroites, attendait plus loin, sur la place Bab Carthagène. L'apparat du corbillard et l'ornement des chevaux qui transportaient le défunt dépendaient de la classe sociale à laquelle il appartenait. Le cortège arrivait à la morgue de l'Avenue de Londres, où on procédait à la toilette du défunt. Puis le cortège reprenait la route du cimetière du Borgel où le mort était enseveli dans la fosse, sans cercueil, à

77

même la terre, suivant le rite juif. En France, la mise en bière est obligatoire ; les Juifs se soumettent à la loi.

En signe de purification, toutes les personnes qui avaient vu passer le cortège ou qui s'étaient rendus au cimetière, se lavaient les mains ; selon notre tradition, lorsque l'âme quitte le corps, l'enveloppe charnelle devient impure.

Un soir, nous entendîmes une détonation sous notre balcon. Ouvrant nos persiennes, nous aperçûmes, gisant à terre, le corps d'un homme, face au sol, perdant son sang. Un hadj marocain, gardien du quartier qui faisait sa ronde, retourna le corps et, fouillant dans ses poches, en retira un portefeuille qu'il garda. Il s'est écoulé un long moment avant que la police, alertée par le hadj, n'arrive avec un brancard pour emporter le cadavre. En ce temps-là, nous n'avions pas de téléphone pour appeler la police et il était hors de question de sortir, de nuit, pour se rendre au commissariat. Trop peur ! Les ruelles étaient un véritable coupe-gorge. Nous apprendrons le lendemain que la victime a été poursuivie et abattue par un habitant du quartier, lui-même ancien repris de justice, qui avait pris le voleur en flagrant délit de vol dans sa maison. Entre malfrats on ne se fait pas de cadeau.

Episodiquement, des nationalistes tunisiens se soulevaient contre la présence française en Tunisie. Une formation de tirailleurs sénégalais, prêts à intervenir contre les émeutiers, stationnait sous notre balcon. Ces soldats à la peau noire impressionnaient le petit garçon que j'étais. Dès que les manifestants apparaissaient, la troupe les poursuivait, baïonnette au canon. Parfois le sang coulait.

En attendant l'indépendance, la Tunisie restait un protectorat français et comme tel accueillait sur son sol une étape du Tour de France. Chaque été, il était suivi par la population avec enthousiasme. Les passionnés se rassemblaient à l'angle de l'Avenue de Paris et de l'Avenue Jules Ferry, face au bâtiment du quotidien *La dépêche tunisienne*. Avant que des enseignes lumineuses ne soient installées sur la façade de l'immeuble du journal, un tableau noir affichait, à la craie, les noms des vainqueurs des étapes, ainsi que le classement général. Successivement Fausto Coppi, Louison Bobet, Charly Gaul, Jacques Anquetil et Eddy Merckx revêtaient le maillot jaune du vainqueur, sous les hourras de leurs fans.

Le jour de la fête nationale du quatorze juillet, une foule frénétique se pressait et applaudissait à tout rompre le défilé des troupes, surtout le passage des Spahis à cheval vêtus de leur uniforme chamarré, et des Légionnaires précédés de leur mascotte, un gros bélier, orné de rubans. La garde beylicale paradait également, dans sa tenue rococo.

La ville de Tunis n'était pas plus grande que deux ou trois arrondissements de Paris. Elle était divisée en quartiers dont les populations étaient homogènes. On distinguait grosso modo le ghetto juif, avec sa partie pauvre et sa partie petit-bourgeois, le quartier italien, appelé la *piccola Sicilia*, la petite Sicile, la Médina arabe et le quartier entourant le siège de la Résidence où se trouve la grande cathédrale de Tunis.

La cathédrale était le monument le plus remarquable de la ville. Située au début de l'Avenue Jules Ferry - devenue, après l'indépendance de la Tunisie, Avenue Habib Bourguiba - c'est un bel édifice, à l'architecture gothique, du même style que la majorité des cathédrales de France. Le concert des cloches qui, les dimanches et fêtes catholiques, sonnaient à toute volée, m'attirait. Leur rythme variait selon l'office qu'on y célébrait.

J'ai eu, un jour, la curiosité d'entrer. J'ai été très impressionné par la hauteur des voûtes, le décorum, les superbes vitraux, les orgues, l'odeur d'encens et la présence de nombreuses statues représentant le Christ sur sa croix, la Madone coiffée d'une couronne et couverte de bijoux, des Saints et des Saintes à chaque coin et recoin de l'église. De nombreux fidèles étaient agenouillés en prière devant ces idoles. En voyant ces hommes et ces femmes en adoration devant des statues faites de bois et de stuc, l'histoire d'Abraham brisant les idoles d'argile m'est instantanément revenue à l'esprit. J'ai ressenti un étrange malaise.

Je pensai avoir enfreint la Loi de Moïse condamnant la *avoda zara*, l'idolâtrie : « *Craignez de vous pervertir en vous fabriquant des idoles, représentation ou symbole de quoi que ce soit : images d'un individu mâle ou femelle...* » et encore : « *Tu ne te feras point d'idoles, tu ne te prosterneras point devant elles, tu ne les adoreras point.* » J'ai vite quitté les lieux avec un sentiment d'effroi.

Les rites catholiques égayaient aussi notre rue. Chaque année, au quinze août, jour de l'Assomption, l'Eglise fête la montée au ciel de la mère de Jésus. La statue de la Madone, sortie ce jour-là de la cathédrale, était portée à bouts de bras par les fidèles. La procession était dirigée par un archevêque, revêtu de sa tiare et de sa tenue d'apparat, et suivie par un long cortège d'hommes et de femmes habillées de noir, marchant pieds nus

81

et psalmodiant des prières à la gloire de Marie. Arrivée au port de Tunis la statue était débarrassée de ses atours, dévêtue et plongée dans la mer. Puis, retirée de l'eau, elle était rhabillée et recouverte de bijoux : colliers, bracelets et bagues en or, offrandes de ses nombreux adorateurs. Ensuite, le cortège reprenait, en sens inverse, le chemin de la cathédrale. Des adeptes de toutes religions, agglutinés sur les trottoirs, regardaient passer, avec curiosité, ce spectacle folklorique.

Pour en revenir à ma scolarité, il fut question, après l'obtention du Certificat d'Etudes Primaires Elémentaires (CEPE), de m'envoyer au collège. Habituellement, les enfants des milieux déshérités arrêtaient leurs études pour entrer en apprentissage, apprendre un métier auprès d'un artisan et entamer leur vie active. Ma mère rêvait pour moi d'un emploi stable, de préférence dans la fonction publique. Mais j'étais encore trop jeune. Mon père me plaça alors en apprentissage, chez un photographe retoucheur, pour me spécialiser en agrandissement et retouches de photos. Mais je voulais poursuivre des études ; je rêvais de devenir professeur de mathématiques. Malgré la gêne financière que j'allais leur imposer pour m'habiller, payer l'écolage, et acheter les manuels et fournitures scolaires, mes parents acceptèrent de faire des sacrifices. Ils m'inscrivirent à l'Ecole Secondaire (on n'utilisait pas le terme collège) de l'Alliance Israélite Universelle, de la rue Malta Srira (signifiant : la petite Malte), qui assurait les cours de la sixième à la troisième.

J'abordai ma première année de collège avec beaucoup d'appréhension. Je quittais ma période enfantine ; je devenais adolescent. Je manquais de confiance en moi. J'allais sortir du ghetto et franchir une frontière, partir à la découverte d'un autre monde et entamer un nouveau style de vie. C'était le début de mon autonomie.

Pour parvenir au collège, j'avais une demie heure de marche à pied. Je devais emprunter la rue Sidi Mardoum, puis la rue Sidi Bou Ahdid, les ruelles étroites et malodorantes du ghetto, puis traverser une voie à grand trafic, la rue des Maltais, avant de m'engager dans la rue Malta Srira. Dans la rue des Maltais ne roulaient que de rares voitures automobiles, mais il y avait une grande circulation de tramways et un flot ininterrompu de fiacres et de carrioles tirées par des chevaux, dont le crottin jonchait le macadam, et des charrettes tirées à bras d'hommes. J'appris à traverser ces voies avec prudence.

Autre différence, importante à mes yeux : la coiffure des cheveux. Chaque mois, à l'école primaire, dans le but d'éviter la propagation de poux, nous étions tondus, la boule à zéro. Je gardais alors mon béret noir, enfoncé jusqu'aux sourcils pour qu'on ne remarque pas les cicatrices, séquelles d'un accouchement au forceps et qui étaient apparentes, de chaque coté de mon crâne. Pendant les trois mois des vacances scolaires qui précédaient ma rentrée des classes au collège, mes cheveux noirs, que j'avais naturellement abondants et ondulés, avaient bien repoussé. J'envoyai promener mon béret avec soulagement.

Je n'avais plus à porter la blouse noire, cache-misère, uniforme obligatoire à l'école primaire. J'étais désormais habillé *en civil*. Et enfin, dernier changement d'importance, mes nouveaux camarades s'exprimaient en Français avec, toutefois, l'accent traînant, si particulier, des Juifs tunes. Je me sentais plus à l'aise dans mes rapports avec eux. Déjà, chez moi, je ne parlais plus qu'en français, oubliant l'espagnol.

Je découvrais que la plupart des élèves, sans être fortunés, appartenaient à la petite bourgeoisie. Fils de petits commerçants ou d'employés, ils étaient toujours bien habillés. Ils habitaient aux alentours du collège. Seuls, trois de mes anciens camarades de l'école de la Hafsia, m'avaient rejoint au collège : André Adda, Victor Sabbah, qui récitait, avec exaltation, des poèmes de sa composition et Léon Hagege. A des degrés divers, ils ont, comme moi, gravi les échelons de la réussite sociale, malgré leur handicap de départ. Mon ami le plus intime et proche voisin, Raphaël Belhassen, dit Filo, a interrompu ses études après le CEPE.

J'étais heureux de sortir du ghetto, mais il me fallait rentrer à la Hara le soir, après les cours. Je commençais, je l'avoue, à avoir honte d'habiter dans ce quartier ; je le cachais. Gêné, je ne donnais mon adresse à personne. Je ne recevais pas d'amis chez moi, cependant que j'étais souvent invité chez eux. Je harcelais mes parents pour qu'ils déménagent vers les beaux quartiers. Je ne réalisais pas très bien combien leurs moyens étaient limités.

Plus tard, aux alentours de 1942, lorsque la situation économique de ma famille se fût améliorée, mes parents prirent la résolution de quitter le ghetto et de changer de domicile pour habiter dans un appartement plus confortable, dans la ville européenne. Juste à ce moment-là, la Municipalité de Tunis décidait d'entreprendre la rénovation du quartier de la *Hara*, en commençant par démolir les vieux pâtés de maisons insalubres pour faire construire des *immeubles de recasement*, de bon standing. La zone allait devenir résidentielle. Nous figurions sur la liste des futurs attributaires d'un appartement de quatre pièces avec cuisine, salle de bain et tout le confort. Mes parents décidèrent alors, à mon grand dam, de surseoir au déménagement. Malheureusement la guerre allait interrompre cette opération de rénovation du quartier et nous maintenir pour plusieurs années encore dans cette situation d'attente de relogement.

Sur le trajet du collège, je m'arrêtais, tous les matins, chez le pâtissier de la rue Sidi Bou Ahdid, où j'avais l'habitude de consommer des beignets au miel, en alternance avec des croquants, que je trempais dans un verre de citronnade ou d'orgeat. J'avais remarqué que ce brave pâtissier était régulièrement racketté par des policiers véreux qui opéraient toujours en tandem, un Français et un Tunisien, et entendaient verbaliser leur proie pour un soi-disant défaut d'hygiène. Ils s'enfermaient avec leur victime apeurée et désespérée derrière les rideaux de fer de sa boutique et en ressortaient avec de gros paquets de gâteaux sous le bras et, sûrement, sa recette financière dans les poches. Ces flics usaient du même acte de prévarication pour racketter les bouchers juifs du quartier, leur extorquant des paquets de viande et de l'argent.

Non loin des boucheries juives, les boucheries musulmanes du Souk-el-Grana vendaient la viande *hallal* dans leurs boutiques. Des carcasses de moutons et des quartiers de viande grasse, assaillie de mouches à viande, étaient suspendus sans protection à des crochets métalliques, ou étaient étalés sur des tables dressées sur tréteaux. Les bouchers arabes n'étaient jamais inquiétés, leur hygiène étant jugée plus satisfaisante que celle des bouchers *casher*. Le plus cocasse est que les Musulmans venaient acheter leur viande de préférence dans les boucheries juives.

Cet acte manifeste d'antisémitisme et de corruption dont se rendaient coupables les deux fonctionnaires, me révoltait au plus haut point et me rendait malade. J'ai été élevé dans le respect de la Loi et de la Justice. Je ne retrouvais pas cette vertu chez ces représentants de la Force publique censés assurer l'ordre et la sécurité dans la Cité, et qui manquaient aux devoirs de leurs charges.

Mon entrée en sixième se fit donc sans difficulté. J'excellais en calcul ; j'avais la bosse des maths. J'étais imbattable sur les problèmes de trains, de robinets et autres calculs de périmètres ou de surfaces. J'étais toujours le premier à rendre ma copie aux interrogations. Madame Loubaton, la prof de maths de sixième, me conférait alors le suprême honneur de surveiller la classe.

Mes premiers amis d'enfance habitaient dans mon quartier. Au collège, je nouai de nouveaux liens amicaux. Avec l'un d'entre eux, Félix, nous allions faire nos devoirs chez un second, Gaston. Sa maman était une femme très gentille et accueillante qui ne parlait que l'arabe. Elle m'appelait *ya oueldi*, « mon fils ». Elle nous proposait toujours quelque chose à manger. C'est ainsi que je découvris les *tajines*, les bons plats de la cuisine tunisienne, que j'appris à apprécier.

L'école de l'Alliance Israélite Universelle était une école privée juive. La majorité des jeunes Juifs allaient à l'Alliance jusqu'en classe de troisième. S'ils réussissaient aux épreuves du Brevet d'Etudes Primaires Complémentaires (BEPC), ils pouvaient intégrer le Lycée Carnot, lycée français, public et laïc qui préparait au baccalauréat. Certains choisissaient l'Ecole de Commerce de la rue de Marseille qui formait les professionnels de la comptabilité.

Paradoxalement, dans les écoles de l'Alliance Israélite, le judaïsme et la culture juive étaient peu enseignés. L'AIU était plus axée sur la diffusion de la langue et de la culture françaises, que sur le judaïsme. Le manuel d'Histoire de France de mon enfance, le *MALET et ISAAC*, nous enseignait : « *Nos ancêtres les Gaulois vivaient autrefois dans un pays appelé La Gaule.* » Or je savais, par la tradition familiale, que mes ancêtres étaient des Hébreux qui vivaient en *Eretz Israël,* la terre d'Israël qu'ils ont dû abandonner, sous la domination romaine, pour s'établir dans la presqu'île ibérique, d'où ils furent expulsés, sous l'Inquisition, après quinze siècles de présence. Le professeur avait tort ; je commençais à ne plus croire tout ce que nos maîtres nous enseignaient.

A l'école primaire, la petite brochure intitulée *Histoire Sainte* ne constituait pas un enseignement sérieux de la religion. La *kippa,* la calotte, n'était pas obligatoire à l'école, comme au *keteb.* Les cours, très succincts, sur l'*Histoire des Israélites* (titre éponyme du petit manuel de Fresco), qui nous étaient dispensés pendant la demi-heure hebdomadaire d'Instruction Civique, survolaient deux mille ans de l'histoire du peuple juif.

J'ai, en certaines circonstances, pu constater que nombre de mes anciens camarades de l'AIU étaient analphabètes en matière religieuse.

Je désirais ardemment apprendre d'autres langues que ma langue maternelle. Or il n'y avait pas de cours de langues étrangères au programme du collège. J'étudiai donc l'anglais et l'hébreu moderne, dès la sixième, en dehors des heures de cours classiques. Ces deux langues, facultatives, étaient enseignées le dimanche matin. Les professeurs venaient de l'extérieur. Je garde un excellent souvenir de mon professeur d'anglais, M. Hayoun, un excellent pédagogue qui nous enseignait la langue de Shakespeare de manière très vivante. Il nous faisait chanter et interpréter, devant nos parents et amis, de petits rôles dans des saynètes anglaises. Il nous réunissait parfois à son domicile personnel, Avenue de France, pour nous faire répéter.

L'enseignement de l'hébreu était loin de ressembler à ce que sont les *oulpanim*, qui sont des cours intensifs, organisés en France ou en Israël, où l'on apprend rapidement à converser. Mes professeurs, Jacques Taieb, en 1re année, et David Berdah, en 2e année, s'efforçaient de nous faire entrer dans le crâne le *dikdouk*, la grammaire hébraïque, très ardue comparée à la grammaire anglaise.

J'ai aussi acquis des notions d'Italien, apprises en fréquentant les enfants siciliens de la rue. La colonie italienne, en majorité d'origine sicilienne ou sarde, résidait dans le quartier de *la picola Sicilia* (la petite Sicile), autour du port. Il existait, à Tunis, une frontière invisible, une ségrégation de fait entre les Arabes qui vivaient dans la Médina, les Juifs dans le ghetto ou à ses alentours, et les autres nationaux dans les quartiers excentrés de la ville ou dans les banlieues. Chaque groupe vivait pratiquement en vase clos.

Je n'oublierai jamais ce jour faste du 26 juillet 1938, qui marqua un tournant dans ma vie de jeune Juif, le jour où j'ai fêté ma *bar-mitzvah*. J'étais *teenager*, un adolescent grandi trop vite, devenu, virtuellement, un homme. Désormais, je pouvais participer, à la synagogue, aux prières collectives et à la récitation du *kaddish*, prière de sanctification de **D.**, exigeant la présence d'un minimum de dix adultes, le *minian*.

J'ai eu droit, la veille de mon 13e anniversaire, à un beau concert oriental organisé dans le patio de la maison où vivaient mes tante, oncle et cousins. Je portais une jolie casaque jaune en satin, attachée à la taille par un cordon bleu, sur un pantalon long, de couleur bleu-turquoise. Je n'avais porté, jusqu'alors, que des culottes courtes. C'était bien la preuve que j'étais devenu un homme.

Mon oncle Salvator et le célèbre chanteur juif oriental, Raoul Journo, étaient amis ; tous les deux étaient de grands amateurs de *boukha*, un alcool extrait de figues. Ils pouvaient avaler, rasade après rasade, une quantité spectaculaire de boukha, sans jamais céder à l'ivresse. Mon oncle jouait du *canoun*, un instrument de musique en forme de harpe, qui se joue à plat sur les genoux. Raoul Journo jouait du luth. Mon cousin Albert pinçait aussi un peu du luth. Tous chantaient joyeusement en turc et en arabe. Les femmes s'essayaient à la danse du ventre. Ce fut une belle fête, débordante de joie et de gaieté. Me démarquant de la tradition, je refusai la cigarette qu'on me proposait pour marquer mon passage de l'enfance à l'âge adulte, ayant toujours eu horreur du tabac.

Le lendemain, à la synagogue Slat Guedid, j'étrennais mon *talith* (châle de prière) et mes *téfilines* (phylactères). Je lus à haute voix la *Haftara* titrée *Matote*, sans me tromper. J'ai gardé un souvenir heureux de ce moment important de ma vie juive.

A ma grande surprise, la classe de quatrième est devenue mixte. Pour la première fois dans les écoles de l'Alliance, des camarades garçons et filles se côtoyaient. Parmi les filles, une ravissante adolescente, d'une incroyable beauté, a mis mon cœur et mon corps en émoi. Elle m'a séduit par sa grâce juvénile, son visage délicat, ses yeux bleu-turquoise, ses cheveux soyeux, ses joues roses et veloutées comme les pétales d'une rose, sa jolie bouche pulpeuse bien dessinée, son sourire éclatant. Elle était lumineuse, pétillante comme du champagne, infiniment désirable. A sa vue mon cœur battait la chamade. J'en étais tombé éperdument amoureux, comme on peut aimer à quatorze ans.

Ma timidité m'empêchait de l'approcher, de lui parler sans ressentir des bouffées de chaleur. Il m'était impossible de lui révéler mes sentiments sans me ridiculiser. J'étais constamment distrait en classe, sa présence m'empêchait de me concentrer. Ce n'est pas par hasard si M. Temmam pointa un jour sur moi son doigt inquisiteur pour m'interroger sur la résolution d'un problème de géométrie qu'il venait de développer au tableau. S'était-il aperçu de mes émois amoureux ? Je ne sus naturellement pas répondre, je bafouillai, l'air idiot, je ne sais quelle ânerie. J'eus droit à un zéro, et fus consigné à l'école, le dimanche suivant. Ma moyenne en math en pâtit ce mois-là.

Je n'arrêtais pas de penser à elle. Je rêvais d'elle la nuit. J'éprouvais le besoin de la serrer dans mes bras, de l'embrasser. Son corps gracile éveillait mon désir. Je ressentais une grande émotion et une attirance physique pour sa poitrine naissante. Bref, j'étais en pleine puberté.

La sexualité était un sujet tabou dans la famille et les cours d'éducation sexuelle n'étaient pas dispensés à l'école. La nudité ne s'exhibait pas partout, sur les affiches et dans les journaux. Nos Grands Sages prescrivent la *tsniout*, la vertu de la pudeur, et condamnent l'indécence. Il va de soi que je culpabilisais.

Un jour, l'un de ceux à marquer d'une croix noire, ma rayonnante dulcinée n'apparut pas en classe. Nous apprîmes avec stupeur et consternation qu'elle avait été emportée par une maladie foudroyante, à la fleur de l'âge. Sous le choc, la terre s'est dérobée sous mes pieds. J'étais effondré, plongé dans un immense chagrin. Mais je refoulais ma souffrance, n'osant me confier à personne. Ma mère ne s'expliquait pas la cause de mon tourment. Ma peine était lourde à porter, mais j'étais trop pudique pour trahir le secret d'une histoire qui n'avait pas eu lieu.

Je vais vous faire une confidence : jusqu'ici, c'était mon petit jardin secret. Je n'ai jamais révélé à personne ma plus belle histoire d'amour, celle qui, à mon grand désespoir, a été tragiquement écourtée.

J'avais alors quatorze ans, nous étions en 1939. On entendait les bruits de bottes. L'avenir était incertain. Ma vie était en train de changer.

Je commençai à sortir seul, à me rendre au cinéma, aux concerts et au théâtre. J'étais abonné aux concerts organisés par le club des Jeunesses Musicales de France (JMF). Grâce à leurs formations musicales, venues souvent de la Métropole, je fus initié à la grande musique. Abonné également à l'*Essor*, une troupe de théâtre formée d'excellents comédiens amateurs ayant une grande expérience de la scène, j'assistai assidûment à ses représentations. A la faveur de ces spectacles, je devins passionné de théâtre. Courteline, Labiche, Goldoni, Feydeau, Roussin me sont devenus familiers. Je ne ratais jamais les Galas Karsenty, en tournée régulière à Tunis. Je me souviens d'une représentation fascinante de *Phèdre*, donnée en plein air, dans l'amphithéâtre d'El Djem. Ces comédiens éveillèrent en moi une envie folle de monter à mon tour sur les planches. Après avoir longtemps hésité, je décidai d'envoyer ma candidature, afin d'intégrer la troupe de l'Essor. Je fus convoqué pour passer une audition. Au cours de cette séance, je devais réciter une scène choisie dans le répertoire français. Je préparai une tirade d'*Hernani*, de Victor Hugo. Au jour dit, je me dégonflai. J'appris brutalement ce qu'est le trac de l'acteur avant de monter sur scène. Pris d'une peur-panique, je renonçai à me présenter au casting. Ainsi prit fin, avant même de commencer, ma carrière de comédien.

Un soir, au retour d'un spectacle, alors que pour rentrer chez moi je traversais les ruelles désertes et mal éclairées du ghetto, j'entendis, bizarrement, trotter un cheval derrière moi. Je me retournai : je ne m'étais pas trompé, un cheval me suivait, sans doute échappé de son écurie. Pris de frayeur, je m'arrêtai et lui cédai le passage. Le coursier s'arrêta aussi et me fixa de ses yeux presque intelligents, comme s'il attendait un ordre. Je repartis en pressant le pas ; il continua de me suivre. Je m'arrêtai ; il s'arrêta. L'animal ne me quittait pas d'un sabot. Je courus ; il trotta. La poursuite se termina devant la porte de ma maison. J'entrai précipitamment et je m'empressai de refermer la porte, le cœur battant la chamade. Au bout d'un moment je l'entendis qui repartait. Ce cheval m'a fichu la plus grosse peur de ma vie.

Les Tunisiens racontent souvent des histoires inquiétantes de *jnounes* (ou djinns), de démons. Pour extirper de leur corps les sortilèges de ces esprits malveillants, les personnes envoûtées (généralement des femmes) ont recours au service d'un *Sarsarayou*, un groupe de musiciens arabes jouant du tambourin, de la flûte arabe et de sorte de cymbales tenues à la main. Le rythme syncopé et envoûtant de cette formation évoque le rituel du vaudou. Les personnes ensorcelées, prises d'hystérie, entrent en transe et se libèrent ainsi de l'emprise des *jnounes*. Je ne suis pas superstitieux, mais je dois admettre qu'en cet instant précis, l'apparition inattendue du cheval fantôme me fit croire, confusément, aux légendes des *jnounes*.

Mes parents étaient un peu superstitieux. Je me souviens que, lorsqu'un papillon de nuit entrait dans notre chambre, ma mère annonçait : « *Haberes buenos* ! Bonnes nouvelles ! ». Peut-être pressentait-elle l'arrivée du Messie ? Quand un membre de la famille partait en voyage, ma mère versait un verre d'eau derrière le voyageur, lui souhaitant : « *Bonne mer* ! », réminiscence du temps où le moyen de transport courant était le bateau.

Ma dernière année d'école, en classe de troisième, allait être pleine de bouleversements et de cauchemars. Nous nous dirigions vers la guerre. Elle éclata en septembre 1939. Elle a été apocalyptique pour les Juifs d'Europe et, à un moindre degré, pour les Juifs de Tunisie.

Inutile de préciser que le cœur n'était plus aux études. Craignant pour leur avenir, les Juifs étaient démoralisés, inquiets, en plein désarroi. Les armées allemandes envahissaient rapidement et successivement la Pologne, le Danemark, la Norvège, la Hollande, le Luxembourg, la Belgique, tous des pays neutres. L'armée française, retranchée derrière la Ligne Maginot, un bunker fortifié sur plusieurs centaines de kilomètres pourvu de galeries souterraines, se préparait à les affronter. La propagande française, avec Paul Reynaud à la tête du gouvernement, proclamait : « *nous vaincrons parce que nous sommes les plus forts.* » Ces rodomontades ne nous rassuraient pas, à raison : les blindés allemands contournèrent la Ligne Maginot, supposée invulnérable, forcèrent le passage à travers les Ardennes et pénétrèrent en France. L'avancée des troupes allemandes, la *blitzkrieg*, guerre éclair, fut foudroyante. Le monde libre s'écroulait et basculait dans la barbarie. Partout, les *einsatzgruppen*, des unités spéciales, exécutaient massivement les Juifs.

Mon père fut mobilisé et rejoignit sa garnison le 2 septembre 1939. Affecté au 4e Régiment des zouaves, il avait pour mission de convoyer des soldats sénégalais jusqu'à la ligne Mareth, au sud de Gabès, à la frontière qui sépare la Tunisie de la Libye occupée par l'Italie. Un beau jour, je le vis apparaître à la maison, sous l'uniforme de zouave (tunique et pantalon bouffant, de couleur bleu-marine, un peu délavés, gilet à broderies rouges et chéchia rouge). Couvert de poussière, le visage hâve, mon père semblait très fatigué. Quelques semaines plus tard, après avoir effectué plusieurs convoyages sur la ligne du front, il fut démobilisé. Agé de 39 ans et père de quatre enfants, il était libérable. Nous étions immensément soulagés.

Les nouvelles de France nous parvenaient par la TSF et par les Actualités cinématographiques. On voyait avec effarement et la rage au ventre les images de la débâcle : les défilés des troupes vert-de-gris marchant au pas de l'oie, déployant d'immenses drapeaux à croix gammée, entonnant des chants nazis. Les masses allemandes fanatisées, galvanisées, frénétiques, assistaient à ces spectacles péplum à Berlin et acclamaient leur führer, leur dieu, vociférant et gesticulant, le Satan hystérique à la petite moustache et à la mèche de cheveux noirs qui lui barrait le front.

Nous assistions, le cœur serré, au spectacle des millions de réfugiés belges et français quittant le nord du pays avec leurs bagages entassés dans des carrioles, fuyant les villages enflammés pour le midi de la France. Un million et demi de prisonniers français prenaient la route de la captivité pour les *stalags*, camps de prisonniers, en Allemagne.

Le 15 mai 1940 le président du conseil Paul Reynaud démissionnait. Le 10 juin, au moment où les Allemands étaient aux portes de la Capitale, l'Italie entrait en guerre contre les Alliés. Paris, déclarée ville ouverte, tombait le 14 juin ; la croix gammée flottait sur les monuments parisiens.

Dès lors, une propagande antisémite inlassable se déchaîna férocement en France. Les Juifs étaient rendus responsables de la défaite. Le climat antisémite d'avant-guerre avait préparé le terrain : Gobineau prônait l'inégalité entre les races, Charles Maurras (maître à penser de Charles de Gaulle, de François Mitterrand et de maints hommes de droite), écrivait : « *Il faut assassiner Léon Blum en utilisant, au besoin, un couteau de cuisine.* » La propagande antisémite, s'inspirant de la doctrine hitlérienne de Heidegger et de Goebbels, reprenait tous les préjugés et stéréotypes racistes habituels, créant un climat de profonde haine anti-juive dans la population française. Une exposition, organisée au Palais Berlitz à Paris, intitulée *Le Juif et la France*, montrait aux Français un Juif au visage hideux, au nez aquilin et aux doigts crochus enserrant le globe. La xénophobie, l'antisémitisme et tous les préjugés racistes traditionnels de l'extrême-droite française et d'un certain milieu bourgeois, clérical, antidreyfusard et antisocial, étaient alimentés par des ouvrages nauséabonds tels que *La France juive* de Drumont, député d'Alger, *La guerre juive* de Paul Ferdonnet ou *L'antijuif* de Max Régis. Une presse, souillée par la Collaboration, atteignait un haut degré de violence haineuse et misérable : *Je suis partout* de Robert Brasillach, *Aspects de la France* de Charles Maurras, *Le cri du peuple* de Doriot, *l'Antijuif* de Darquier de Pellepoix... Les journaux *Rivarol, Présent, Gringoire, National Hebdo, Au Pilori* et *La Gerbe* se mirent au diapason.

Il y a quelque temps, mon petit-fils à qui je tente de transmettre ma mémoire afin que rien ne soit oublié, me demandait avec toute la candeur de son très jeune âge : « Papy, pourquoi les Chrétiens haïssent-ils les Juifs ? » Cette question, si délicate soit-elle, il me tient à cœur d'y répondre dans cet ouvrage, malgré toutes les lacunes que ma maigre culture ne peut éviter. J'ai un temps enseigné la théologie juive, et eu ainsi l'occasion de réfléchir sur les inimitiés fondamentales entre les trois grandes religions monothéistes. J'ai été témoin des atrocités du siècle et je veux ici rétablir une part, sans doute subjective, de la vérité, disons *ma* vérité, celle que je me suis forgée tout au long de mon existence.

La religion juive est fondée sur une soumission indéfectible à la *Torah*, la Loi que Moïse a reçue au Mont Sinaï. Nous gardons notre *émouna*, notre croyance en un **D.** unique et transcendant. Nous récitons notre profession de foi, cinq fois par jour : « *Chéma Israël Ado... Chem Elokhéinou, Ado... Chem éhad*, Ecoute Israël, le

Seigneur notre **D.**, le Seigneur est Un. » Cette croyance en l'unicité de **D.** fait partie des treize principes de foi du judaïsme ; elle est incompatible avec le dogme chrétien fondamental de la Trinité et nous sépare de fait du christianisme. Deuxième divergence : les Juifs attendent toujours l'arrivée du Messie, envoyé de **D.** Pour les Chrétiens, **D.** et le Messie ne font qu'un. Le Messie serait déjà arrivé en la personne du Christ, aurait pris une forme humaine et serait mort pour « *endosser les péchés des hommes.* » ; puis, ressuscité, il serait remonté au ciel. Les Chrétiens attendent le retour du Christ Messie. Les Juifs ne peuvent concevoir l'idée que le **C**réateur ait besoin de s'incarner en homme et descendre sur terre, pour apprendre ce qui s'y passe. Notre monde est **S**on œuvre. Ils ne confondent pas le Messie avec **D.** et refusent de diviniser un homme : « **D.** *est un, Il n'est pas un corps et n'a pas d'apparence corporelle.* » Selon la Tradition juive, le *Mashiah* doit inaugurer l'ère messianique dans un monde de perfection absolue, alors : « *Le loup demeurera avec l'agneau, le nourrisson jouera sur l'antre de la vipère, on ne fera aucun mal, on ne commettra aucune violence dans le monde. L'arrivée du Messie permettra le retour des exilés en Terre Sainte, la Terre Promise, puis la renaissance de Sion et la reconstruction de Jérusalem. Il n'y aura plus ni souffrance, ni faim, ni misère, ni maladie. La paix régnera sur le monde.* »

102

Force est de constater que nous sommes très loin de cette ère paradisiaque.

L'Eglise s'est évertuée, depuis l'avènement du christianisme, à endoctriner les peuples et parmi eux les Juifs, et à les convertir ; elle n'a pas réussi à briser leur foi. D'où la culture anti-judaïque du christianisme, que l'illustre Professeur Jules Isaac, agrégé d'Histoire, analyse dans deux fameux ouvrages qui ont pour titres : *L'Enseignement du mépris* et *Jésus et Israël*.

A cet antisémitisme d'ordre religieux s'ajoute un sentiment de jalousie, peut-être, mais surtout de peur face à l'étranger. Les Juifs sont sur le devant de la scène. Les antisémites constatent avec aigreur qu'ils sont créatifs ; ils ont des réussites exceptionnelles dans de nombreuses disciplines, artistique, scientifique, journalistique, politique ou économique. Eminents savants, sommités médicales, ténors du barreau, compositeurs de génie, créateurs de médias, intellectuels brillants, fondateurs d'organisations caritatives internationales, au service des plus hautes valeurs humaines, leurs mérites sont reconnus par leurs homologues des plus grandes universités et par les plus grandes instances internationales. Voyez la liste, déjà longue, des prix Nobel (25% des prix Nobel sont juifs). Les Juifs ne prétendent pas être *la race supérieure*. Seulement, des siècles d'oppression ont contribué à développer chez eux des dons et des talents prodigieux qui les ont aidés à survivre. Imaginez le potentiel de savants, de philosophes, de grands penseurs, d'artistes-peintres, de musiciens, d'acteurs, de médecins et de scientifiques, que les six millions de victimes de la terreur et de la barbarie nazies, partis en fumée, auraient pu présenter s'ils n'avaient pas été exterminés ! Avec la disparition de ces Juifs au destin brisé, c'est l'Humanité entière qui a été mutilée.

Dans *Le monde d'hier*, Stefan Zweig (qui, ne pouvant survivre à la douleur de voir sa nation sombrer sous le joug nazi, mit fin à ses jours) a décrit l'apport considérable des Juifs d'Europe centrale dans la richesse culturelle de la *Mitteleuropa*, au temps de sa gloire. Pour ne citer que quelques esprits universalistes, qui ont contribué au rayonnement de la culture et de la civilisation occidentales : Franz Kafka, Sigmund Freud, Arthur Schnitzler, Gustav Mahler, Richard Strauss, Karl Marx ; le génial Albert Einstein, prix Nobel 1921, inventeur de la théorie de la relativité qualifiée par les nazis de *physique juive*, en est le symbole.

Il est difficile de combattre les vieux préjugés et les stéréotypes, colportés dans certains pays archaïques ou dans des sociétés en période d'instabilité sociale. Je voudrais revenir sur certaines de ces accusations mensongères, pour tenter de défendre, à ma faible mesure, mon peuple.

Les Juifs, *peuple déicide*, auraient collectivement tué le Christ, le dieu des Chrétiens. Accusation sans fondement : les premiers apôtres et leurs disciples étaient juifs. La majorité du peuple juif, qui vivait déjà en *diaspora*, en exil, après la destruction du Temple de Jérusalem et même bien longtemps avant, n'avait pas entendu parler de ce Jésus de Nazareth. Ce sont les Romains qui ont crucifié Jésus. La crucifixion était un supplice spécifiquement romain. J'en veux pour preuve la décision du bon pape Jean XXIII au concile Vatican II, en 1962, de laver les Juifs du crime de déicide. Il a courageusement reconnu que cette calomnie avait causé des torts considérables au peuple juif. Le Concile proclamait, dans *Nostra aetate* : « *Contrairement à l'accusation de déicide du peuple juif, la passion du Christ ne peut être imputée ni indistinctement à tous les Juifs vivant en ce temps-là, ni aux Juifs de notre temps.* »

Malheureusement certains prêtres refusent encore l'injonction de Jean XXIII d'expurger le catéchisme de cette accusation criminelle. C'est ainsi que de jeunes catéchumènes, endoctrinés par des prêtres réfractaires, seront marqués à vie par l'antisémitisme dont ils auront été imprégnés dès leur plus jeune âge.

L'histoire est riche à foison d'épisodes calomniant les Juifs. En 1290, en France, le Juif Jonathas fut accusé d'avoir « *lardé l'hostie de coups de son épée* », hostie qu'il aurait reçue en gage d'un prêt, consenti à une pauvre femme. Le prêteur aurait « *ébouillanté cette hostie blessée d'où coulait du sang* ». Jonathas fut lynché et brûlé vif et tous ses biens furent confisqués, au profit de Philippe Le Bel.

En 1348, l'année de la Peste Noire, toujours en France, les Juifs furent accusés « *d'avoir empoisonné les puits* » et, jugés responsables de l'épidémie, ils ont été mis à mort par milliers, dans toutes les villes où ils résidaient.

A travers le monde s'est répandue une non moins incroyable et absurde accusation de *meurtre rituel*, qui a provoqué tant de sanglants pogroms. Les Juifs sont accusés de fabriquer la *matsa*, le pain azyme, le pain de misère de *Pessah* en utilisant le sang d'un enfant ou d'un adulte chrétien, égorgés pour la circonstance. Cette accusation est, encore aujourd'hui, reprise dans les télévisions arabes. Dans son livre *Les disparus de Damas*, Pierre Hebey raconte ce macabre événement : « *En 1840 un moine capucin, le père Thomas et son serviteur disparaissent à Damas. L'accusation de meurtre rituel est portée contre les*

106

Juifs par le Consul de France à Damas. Des notables juifs syriens sont torturés pour leur tirer des aveux et sont condamnés à être exécutés sur la place publique. » Les interventions de la reine Victoria, Lord Palmerston, Adolphe Crémieux, Henri Heine, et Mosès Montefiore qui rencontra le sultan ont permis d'innocenter ces Juifs. Cependant, durant des années, on a pu lire, sur la tombe de ce moine, l'inscription suivante : « *Ici reposent les restes du père Thomas, assassiné par les Juifs, le 5 février 1840.* »

Une autre accusation fait toujours recette, celle de la théorie du complot juif, en vue de dominer le monde. Les services de la police secrète du tsar de Russie, *l'Okhrana*, forgèrent et firent éditer, en 1900, *Les protocoles des sages de Sion*, un pamphlet haineux, faussement attribué à « *des Juifs conspirateurs qui, utilisant leur puissance financière internationale, envisagent de conquérir et de dominer le monde.* » Les faussaires, ne s'embarrassant pas de leurs contradictions, accusaient les Juifs à la fois de complot judéo-bolchevique, et de complot judéo-capitaliste apatride, de conjuration judéo-maçonnique et de conspiration américano-sioniste visant à la conquête du monde. Cette mystification, qui a servi de prétexte à des pogroms sans fin, réapparaît périodiquement en différents pays, à travers le monde. L'extrême-gauche et l'islamisme ont emprunté cette supercherie à l'extrême-droite. Ce faux est sans cesse réédité et diffusé dans les pays arabo-musulmans, notamment en Egypte, pays qui a pourtant signé un traité de paix avec Israël. Actuellement, un grand nombre de chaînes de télévision arabes diffusent des films antisémites égyptiens, inspirés des Protocoles des sages de Sion : *Le cavalier sans monture* et *Shitat*, produit à Damas.

Le mythe du pouvoir juif perdure ; on parle de *lobby juif*. Or, outre l'influence réelle du lobby pétrolier des Emirats, il existe un véritable réseau d'influence, puissant, agissant et malfaisant : le *lobby noir-rouge-vert*, une alliance de fait, entre les antisémites traditionnels de l'extrême-droite fasciste et négationniste, adeptes nostalgiques de Hitler, les groupuscules de l'extrême-gauche radicale, trotskiste, maoïste, totalitaire et résolument antisioniste, qui fraternise avec les pires islamistes, et le fondamentalisme intégriste arabo-musulman, au délire antisémite obsessionnel.

Se cachant derrière l'antisionisme-alibi, les antisémites apportent un soutien aveugle et inconditionnel aux extrémistes palestiniens et colportent les slogans les plus odieux de la propagande nazie. Le Rapport sur l'Antisémitisme, établi par le docteur Rufin, médecin engagé dans le mouvement humanitaire, publié récemment à la

demande du gouvernement, indique :
« *L'antisionisme prétendu c'est l'antisémitisme par procuration.* » Malheureusement, à chaque scrutin, cette extrême gauche dogmatique et ces fachos obtiennent environ 15% des suffrages électoraux.

Pour refouler leur mauvaise conscience d'un passé gênant, les peuples de la vieille Europe veulent effacer de leur mémoire les images dérangeantes, faire table rase du passé, oublier le mal qui nous a été fait : les pogroms, l'Inquisition, les rafles, les camps, la déportation et l'extermination planifiée des Juifs. Ils n'aiment pas se voir rappeler qu'ils ont envoyé leurs citoyens juifs à la mort. Ils sont nombreux à nous demander d'être amnésiques, d'oublier la boue de la Collaboration, cette période noire de leur Histoire. Mais pour nous, la plaie est encore béante. Dans la *Torah* on trouve plus de cent fois l'injonction : « *Zakhor* ! (Souviens-toi !) » S'agissant de la perte de six millions de vies humaines innocentes assassinées, la moitié du peuple juif, dont nous n'avons pas encore fait le deuil, l'oubli est impossible. Le devoir de mémoire est pour les Juifs un devoir sacré. Le jour commémoratif de la déportation, *Yom ha Shoah*, a été institué, dans notre rituel synagogal, par les plus hautes autorités rabbiniques du monde. Les survivants et les fils et filles des déportés juifs continueront de rappeler, année après année et de génération en génération, six millions de fois, le souvenir de la déportation et la disparition de nos morts sans sépulture, et réciteront le kaddish pour le repos de leurs âmes confisquées.

Des réseaux de négationnistes se sont constitués autour des Rassinier, Faurisson, Bardèche, Garaudy qui, falsifiant l'Histoire, nient l'effroyable réalité des camps de concentration, des chambres à gaz et des fours crématoires. Ils essaient, avec la pire mauvaise foi, de répandre la propagande du Front National, banalisant et relativisant la Shoah. Un argument spécieux est avancé : « *Depuis la Shoah il y a eu d'autres génocides.* » S'il est vrai qu'il y a eu d'autres massacres et d'autres génocides, aucun n'a eu la singularité et l'ampleur de la Shoah, d'une cruauté inouïe, dont la responsabilité incombe totalement au monde occidental. Et puis, peut-on excuser les atrocités innommables de la Shoah, en évoquant d'autres crimes, tels que la traite des noirs ou les guerres civiles barbares des peuples cambodgien, soudanais ou ruandais ? L'Europe, l'ancienne puissance colonisatrice, qui a délibérément abandonné les Européens juifs aux nazis, est bien mal placée aujourd'hui pour faire la morale. « *L'Occident est*

110

juché sur le plus haut tas de cadavres de l'humanité », écrit le poète Aimé Césaire.

Les Juifs sont aussi accusés de double allégeance. Ils seraient plus loyaux envers l'Etat d'Israël qu'envers leur patrie. Allégation malveillante car leur patriotisme et leur loyauté envers les pays dont ils sont les citoyens, ne sont plus à démontrer ; ils l'ont prouvé en maintes circonstances. Je rappellerai la réflexion du général de Gaulle qui, espérant être rejoint à Londres par de nombreux Français, s'est trouvé entouré de nombreux Juifs (mais néanmoins Français), parmi lesquels René Cassin, Weil-Curiel, Raymond Aron, Albert Cohen, François Jacob, Robert Schumann, Daniel Mayer, Mendès-France et beaucoup d'autres. De Gaulle s'est alors écrié : « *J'ai appelé la France, c'est la Synagogue qui m'a répondu.* »

Faut-il rappeler que, dans un pays démocratique, tout citoyen a le droit, tout en aimant son pays et en lui restant loyal et fidèle, de penser et de s'exprimer librement, y compris de critiquer la politique du gouvernement et de ses dirigeants, de manifester si cette politique lui paraît injuste, partisane, dominée par des considérations électorales ou de *realpolitik* ; ou si, par souci de garder des parts de marchés juteux et de maintenir de bons rapports avec les dictatures les plus odieuses mais productrices de pétrole, la France mène un politique immorale, au détriment de la survie d'un petit peuple, le plus démocratique de la région du Moyen-Orient : le peuple israélien ?

Les Juifs ne réclament pas plus de privilèges que les autres citoyens français, mais pas moins. Le reproche fait aux Juifs d'avoir des liens privilégiés avec l'Etat d'Israël, le pays de leurs ancêtres, est injustifié. D'autres couches de la population, Italiens, Polonais, Algériens, Yougoslaves, Bretons ou Basques manifestent leur attachement à leur pays d'origine. Reproche-t-on à Charles Aznavour, Patrick Devedjian, Sylvie Vartan, Michel Platini ou Zinédine Zidane de marquer leur sentiment pour l'Arménie, la Bulgarie, l'Italie ou l'Algérie ? Non, on ne leur en fait pas grief. On trouve cela naturel.

Les Juifs ont aussi une origine, une sensibilité, une culture et des particularités spécifiques. Ils ont parfaitement le droit d'exprimer leur solidarité avec le peuple israélien formé, essentiellement, des rescapés, survivants du génocide, et de centaines de milliers de réfugiés juifs, expulsés des pays arabes xénophobes, ou ayant fui le régime soviétique. Notre solidarité est d'autant plus légitime et justifiée que la majorité des Juifs de France a des attaches familiales en Israël. Ils ont une communauté d'histoire et de destin avec le peuple israélien, un peuple qui lutte, non pas pour coloniser une terre étrangère, mais essentiellement pour défendre sa patrie, sa survie et sa liberté.

Il est remarquable que cette solidarité avec le peuple d'Israël ne se manifeste pas par des actes de violence envers les Arabes. Les Juifs n'agressent pas les personnes de confession musulmane, ne brûlent pas leurs lieux de culte, ne s'attaquent pas à leurs écoles privées, ne profanent pas leurs tombes dans les cimetières. Les ondes juives et les sites internet juifs ne lancent pas d'appels au meurtre des Arabes. Malheureusement la réciproque n'est pas vraie. Contrairement à certains Musulmans qui veulent être régis par la Loi de la *charia*, la Loi canonique islamique, aussi bien en France que dans d'autres pays d'Europe, les Juifs n'ont jamais essayé d'imposer le droit judaïque, en quelque pays que ce soit. Ils sont tenus, en tant que citoyens, de servir et se soumettre aux lois de la République, sous réserve que ces lois sont conformes à la morale et à l'éthique d'un Etat de droit. Le Talmud dispose : « *Dina de malkhouta dina*, la loi du royaume fait la loi. » Le sage Hanina édicta la règle suivante : « *Prie pour la paix de l'Etat où tu résides car, sans son respect, les hommes s'entre-dévoreraient.* » Nous récitons, dans notre rituel du samedi, une *Prière pour la République* : « *Que les rayons de Ta lumière éclairent ceux qui président aux destinées de l'Etat.* » Les Juifs sont en

113

France depuis plus de deux mille ans. Ils sont bien intégrés dans la République française ; ils ne conspuent pas la Marseillaise.

D'autres affaires scandaleuses, qui furent à l'origine de la création, en 1860, de l'AIU, sont à signaler :

Edgardo Mortara et Giuseppe Coen, deux jeunes enfants juifs, avaient été enlevés et baptisés, à quelque temps d'intervalle, par des institutions religieuses catholiques italiennes, contre la volonté de leurs parents. Ils n'ont jamais été rendus à leurs familles, en dépit de longues années de procès, de manifestations et d'interventions de personnalités de plusieurs gouvernements étrangers. Ces deux enfants ont été, sous la protection complice du pape Pie IX, élevés dans des séminaires. Ils sont devenus prêtres catholiques. Ils renièrent leurs parents, qu'ils n'ont plus revus après leur enlèvement.

L'Affaire Finaly est survenue après la fin de la guerre. En 1943, sous l'occupation nazie, les époux Finaly, soucieux de sauver leurs enfants, Gérard et Robert, les ont confiés à une institution catholique. Les parents furent arrêtés et déportés à Auschwitz, d'où ils ne sont pas revenus. A la fin de la guerre, la tante des enfants entreprit des démarches officielles pour récupérer ses neveux.

La religieuse, qui les avait adoptés, refusa, illégalement, de s'en séparer. L'opinion publique, alertée par la presse, fut indignée. La Justice, saisie de l'affaire, enjoignit à la religieuse de remettre les enfants à leur tante. Après une longue procédure judiciaire et bien des péripéties dramatiques, cette religieuse, qui s'était enfuie avec les enfants en traversant les Pyrénées enneigées, à pied, en plein hiver, fut arrêtée et contrainte de les rendre à leur tante. Cette affaire d'enlèvement aura eu une fin plus heureuse que les précédentes.

Il faut savoir que de nombreux orphelins juifs, convertis au catholicisme, contre le gré des parents, pendant la seconde guerre mondiale, n'ont jamais retrouvé leur religion d'origine. Le pape Pie XII, qui porte une très lourde responsabilité dans le génocide des Juifs, avait donné l'ordre à l'Eglise de ne pas restituer à leurs familles les enfants juifs qu'elle avait cachés et baptisés pendant la guerre. Si les parents avaient confié leurs enfants à l'Eglise c'était pour les sauver, pas pour qu'ils soient convertis.

Le Saint-Siège persiste, encore aujourd'hui, dans son refus d'ouvrir ses archives sur les enfants juifs qui furent confiés à des institutions catholiques pendant la guerre, ont reçu une éducation religieuse catholique, ont été baptisés et n'ont pas été restitués à leurs familles.

Fermons la parenthèse. Avant de poursuivre le récit de ma vie dans les conditions tragiques de l'occupation allemande, il me faut faire une place à cette figure ambivalente de mon enfance que fut mon père. Tous les enfants du monde commencent par voir en leur père un héros, et s'identifient à lui. Je n'échappais pas à la règle. Pendant mon enfance, mon père s'était montré tendre et affectueux. Je pense avec mélancolie aux beaux jours où, après une visite chez ma tante Rachel, je m'endormais sur son épaule, au retour à la maison. J'aimais le temps où nous allions avec lui, les samedis et jours de fête, à l'Oratoire improvisé des Juifs originaires de Turquie, dans le patio d'une maison, rue de la Verrerie. La cantillation des prières diffère selon le pays d'origine. Les airs liturgiques séfarades étaient beaucoup plus mélodieux à mes oreilles que les chants des autres synagogues de rite tunisien. Mon père y retrouvait ses compatriotes. A l'heure de la *Birkat ha Cohanim*, la bénédiction des fidèles que j'écoutais avec une intense émotion, mon père nous enveloppait de son *talith*, sa main posée sur nos têtes. A la fin de la *Bérakha* nous lui baisions la main avec respect et dévotion. Au moment de la *Nehila*, la prière clôturant le soir du *Yom Kippour*, toute la famille, recouverte du *talith* de mon père, écoutait gravement le son poignant du *chofar*, la corne de bélier, en espérant que grâce à notre journée de jeûne (j'avais commencé à jeûner dès l'âge de huit ans), **D.** nous montrerait **S**a miséricorde, oubliant nos péchés, et nous inscrirait dans le *Livre de la Vie*. Je me sentais envahi de sainteté. La prière se terminait par le vœu : « *L'an prochain à Jérusalem.* »

Pendant l'été, la période de morte-saison à Tunis, j'accompagnais mon père au travail, dans ses tournées dans les *douars*, villages ruraux du *bled* tunisien. C'est ainsi que j'eus l'occasion de connaître les villes et les environs de Aïn Draham, Tabarka, Kairouan, Tozeur, Gafsa, Gabès, toutes les villes de la côte du Sahel et du Cap Bon : Sousse, Hammamet, Sfax, Nabeul, Monastir. La clientèle était essentiellement féminine. Les femmes arabes ne sortaient pas de leur *oukala*, la maison arabe avec ses *moucharabiehs,* aux fenêtres grillagées, qui permettaient de voir de l'intérieur sans être vu de l'extérieur. Il leur était interdit de montrer leur visage à leurs coreligionnaires. Elles profitaient du passage du *moussaouer*, le photographe, pour se faire photographier, en se dévoilant devant nous, souvent très déshabillées, parfois même entièrement nues, comme si nous étions des eunuques.

Mon père et moi allions fréquemment travailler à Bizerte. Mon père en profitait pour s'adonner à la pêche, le soir, au clair de lune. Il rapportait le produit de sa prise à un gargotier, qui nous préparait nos repas de poissons. Le gargotier les accommodait à la mode tunisienne : frits et accompagnés de *tastira*, une salade de tomates, poivrons doux et piments piquants, grillés, hachés menu, servie avec des œufs au plat. Je l'accompagnais aussi, pour une partie de pêche, au port de Tunis, dans une zone bizarrement appelée Madagascar. Il mettait au bout de son hameçon des asticots tirés la veille de la vase du lac Bahira, ou bien des bouts de fromage malaxés avec de la mie de pain. Mon père rentrait rarement bredouille ; la Méditerranée était alors très poissonneuse et papa était un bon pêcheur à la ligne.

Il avait un certain humour. Ses histoires rigolotes de *Djoha*, dites et redites, me faisaient hurler de rire. En Turquie, la légende de Djoha, une espèce d'idiot du village, dont le nom a été changé en *chhah* en Tunisie, était très populaire. Ses exploits ont été exportés dans tous les pays arabes. Je me souviens de deux petites histoires burlesques : « *A Djoha, lé dichéron qué sé amoqué, sé quito la nariz*, On a dit à Djoha de se moucher, il s'est arraché le nez. » On raconte cette histoire

118

pour critiquer l'exagération ; ou bien encore : « *Djoha sé fué a la mar y no topo agua*, Djoha est allé à la mer et n'y a pas trouvé d'eau », cité pour se moquer d'un paresseux.

Au début de ma scolarité, mon père manifestait une grande fierté quand, sur les bulletins, mes notes étaient bonnes et les appréciations de mes maîtres élogieuses. Il me serrait alors très fort dans ses bras et m'exhibait avec fierté devant ses amis, comme si le mérite lui en revenait.

Dans ces moments-là, je me sentais très proche de lui. Il était rassurant. Ce père-là m'a, plus tard, beaucoup manqué. Petit à petit, je pris conscience que son comportement laissait à désirer. Dès lors je lui portais moins d'admiration. Nos liens se sont distendus. Mon père m'était devenu étranger.

Il s'était lié d'amitié avec des réfugiés républicains espagnols qu'il rencontrait régulièrement au *Café Cristal*, un bar de la rue des Maltais. Il a commencé à boire avec ses peu recommandables amis, offrait des tournées de pastis à la ronde et rentrait à la maison passablement éméché.

J'essayais de m'expliquer sa conduite par la différence d'âge qui le séparait de ma mère, ainsi qu'à la moindre attention qu'elle lui accordait du fait qu'elle était mère avant tout. Mon père ne trouvait sans doute plus sa place. Il était bel homme, jeune, de cinq ans moins âgé que ma mère, dont la blonde chevelure avait perdu ses reflets dorés et blanchi très tôt ; ses soucis n'y étaient sans doute pas étrangers.

Physiquement je ne paraissais pas être le fils de mon père, mais plutôt son jeune frère. Vingt ans seulement nous séparaient. A quinze ans, je mesurais déjà 1m,72, ma taille définitive. Je le dépassais, non seulement par la taille et la carrure, mais aussi par la clairvoyance. J'ai précocement eu le sens des responsabilités. A quinze ans, j'ai, très naturellement, endossé l'autorité de chef de famille. Très tôt sorti de l'enfance, je suis entré dans le monde adulte.

Au cours des déplacements estivaux dans lesquels je l'accompagnais, j'avais découvert que mon père dissimulait à ma mère une partie de ses gains, qu'il gardait pour son usage personnel. A son retour au bercail il restait parfois plusieurs semaines sans travailler, jusqu'à l'épuisement de ses économies. Lorsqu'il se retrouvait fauché il retournait bosser, sans grand enthousiasme. L'argent lui glissait entre les doigts. Mon père était la cigale et ma mère la fourmi.

Nos rapports s'étaient tendus. Quand la tension devenait trop forte, il élevait le ton, mais n'osait plus porter la main sur moi pour assurer son autorité paternelle, comme quand j'étais plus jeune. Il ne pouvait plus me frapper avec sa règle ; j'étais beaucoup plus costaud. Nos prises de bec tournaient souvent à l'orage.

Il se rendait de temps à autre à Paris pour, disait-il, essayer de trouver du travail, amasser et rapporter de l'argent. Après des absences, plus ou moins prolongées, il revenait avec des ballots de jouets de pacotille et de babioles, qu'il écoulait dans le quartier, à deux sous pièce. Il n'oubliait jamais d'acheter, chaque semaine, un billet de la Loterie Nationale, émis au profit des Gueules Cassées, les blessés de la face de la guerre de 14-18. Il va de soi qu'il n'amassait pas fortune. Mon père était incapable de nourrir sa famille.

Aussi, lorsqu'à la fin de mon année de troisième je me présentais aux épreuves du Brevet d'Etudes Primaires Complémentaires (BEPC), ce fut sans conviction. Je n'avais pas travaillé, j'échouais donc aux examens. Mes moyennes étaient suffisantes pour me représenter à la session de septembre, mais je ne me rendis pas à la convocation. Je n'avais qu'une ambition : gagner ma vie et apporter de l'argent à la maison. De toute façon, depuis l'instauration du Statut des Juifs, nous étions pratiquement exclus du lycée ; le *numerus clausus*, imposé par le gouvernement de Vichy, ne pouvait concerner que peu d'élèves, dont les parents avaient les moyens de graisser la patte des autorités ou des chefs d'établissements, ce qui excluait pour moi toute perspective de poursuivre des études supérieures.

Je travaillais pendant deux mois avec des vanniers espagnols qui m'ont appris à tresser les fibres d'osier et à confectionner de jolis paniers, mais je réalisai vite que le métier de vannier n'était pas fait pour moi. Mon père me plaça alors en apprentissage, chez un ami photographe-retoucheur qui m'exploitait et que je quittais au bout de deux mois. Pendant quelques semaines j'accompagnai Robert Elbeze, un voisin de mon âge, qui vendait des partitions de musique, des mélodies en vogue que chantaient Charles Trenet, Tino Rossi, Luis Mariano ou Maurice Chevallier. Pour attirer les chalands, je poussais la chansonnette dans un porte-voix de phonographe, devant l'entrée du Monoprix de la Rue d'Italie. Vocation éphémère : les partitions ne se vendaient pas assez. Exit la chanson !

Je continuais à chercher ma voie. Je rêvais d'ascension sociale. L'emploi ambitionné par tous les parents, le plus recherché parce qu'il offrait la stabilité de l'emploi et qu'il assurait l'avenir, c'était un travail dans l'Administration. Mais, je n'avais que 15 ans ; j'étais encore mineur. Je devais attendre ma majorité. Après avoir postulé en vain pour un travail d'employé aux écritures, dans des entreprises privées où l'on se montrait moins regardant sur l'âge, je me suis résigné à exercer le métier de mon père, celui de photographe ambulant.

C'était un pis-aller. J'ai cependant vite appris le métier en suivant mon père dans ses tournées. Ce travail qu'on pratiquait en plein air n'était pas désagréable, si ce n'est qu'on y était soumis aux intempéries. Mon père avait commandé à un ébéniste une caisse identique à la sienne, montée sur trépied. Un appareil photographique à soufflet était inséré à l'avant, un manchon noir à l'arrière et, à l'intérieur, le châssis support carte, une boîte métallique renfermant le papier photographique et deux cuvettes tiroirs pour les bains du révélateur et du fixateur à hyposulfite. J'ai réalisé que ce travail pouvait être lucratif s'il était pratiqué avec sérieux. J'avais plus de sens artistique que mon père, et surtout j'avais à cœur de bien réussir dans le métier. Etant très jeune, il fallait que j'inspire confiance à la clientèle. J'ai rapidement dépassé mon père en qualité de travail. J'attirais davantage de clients et gagnais donc plus d'argent que lui, ce qui m'a mis en confiance. J'étais heureux d'apporter ma recette à ma mère, chaque soir. C'était elle qui fixait mon argent de poche et assurait mon indépendance économique.

Mon père a vu d'un bon œil l'espérance de ma contribution aux revenus de la maison.

Au fil des jours, la situation en France se dégradait. Les nouvelles étaient alarmantes. On sentait le vent des mauvais jours. Malgré la précarité de cette situation et une sourde inquiétude, je ne voulais pas désespérer. Du fait que j'avais commencé à gagner ma vie, je retrouvais une certaine insouciance. J'étais libre. Je voulais m'amuser, jouir pleinement de ma liberté, profiter de ma jeunesse et de l'argent que je gagnais par mon labeur, goûter aux plaisirs de la vie. Je sortais le soir, après le travail, pour me changer les idées et me distraire. Je fréquentais cinémas, théâtres, concerts et dancings. J'allais fréquemment applaudir, au cabaret, des chansonniers dont j'appréciais l'humour caustique. Parmi ceux que j'admirais, Géo Montax était le plus talentueux. A chaque représentation, Montax demandait aux spectateurs de lui proposer des rimes, à partir desquelles il improvisait un poème truffé d'humour satyrique. Un jour, un péquenot sicilien proposa, avec perfidie : *Juif et suif*, provoquant ricanements et applaudissements parmi les spectateurs italiens, partisans du dictateur Italien. Trouvant la plaisanterie de mauvais goût, je voulus clouer le bec à ce persifleur ; je répliquai spontanément : *Chrétien et crétin*. La rime n'était peut-être pas très riche, ni mon réflexe très malin, mais je devais répondre vite à l'injure du malotru. Touché ! Les fascistes siciliens présents, la fine fleur de la canaille antisémite, ne s'attendaient pas à une riposte ; ils apprécièrent mal mon intervention. Je fus furieusement hué. Sans se démonter, le chansonnier exécuta, avec brio, un poème railleur, incisif, irrésistible, dans lequel n'apparaissait aucune connotation antisémite, au grand dam du facétieux italien. Ce n'était pas la diatribe antisémite qu'il avait espérée. Les fachos manifestèrent furieusement, dans un grand charivari.

Il faisait très chaud ce jour-là. A la sortie du cabaret, je me dirigeai vers une fontaine située à l'angle des avenues Jules Ferry et Carthage, où les passants assoiffés venaient se désaltérer au mince filet d'une eau tiédasse. Des gens attendaient. Je pris la file. Lorsque mon tour fut arrivé et que je m'apprêtais à boire, mon quidam italien me prit à parti, me bouscula, m'injuria et me traita de « *Ebreo cane*, chien de Juif » (les Arabes emploient la même insulte méprisante : « *yayhoudi ya kelb* » lorsqu'ils s'en prennent aux Juifs, ou quand ils s'invectivent entre eux). J'ai réagi, à chaud, à l'injure touchant à mon appartenance religieuse. Je me précipitai sur lui et l'attrapai par le collet, le serrant très fort. Nous roulâmes à terre, sans que je lâche prise.

Aussitôt toute la racaille fasciste se rua sur moi. Mon ami Albert A., qui m'accompagnait, impuissant face à mes nombreux assaillants menaçants, avait pris la poudre d'escampette. Face au nombre de voyous, qui m'avaient attaqué, il ne m'aurait été d'aucun secours. Je ne pouvais pas lui en vouloir de s'être débiné.

Je pris ce soir-là une rouste mémorable. Des coups de pied et de poing copieusement assénés sur tout le corps ne suffirent néanmoins pas à me faire lâcher pas prise. Dans une pulsion de rage je mordis férocement une jambe se trouvant sous mon nez. Je sentis que j'arrachais, du bout des dents, un morceau du mollet. Lorsque, après ce lynchage, nous avons été séparés, j'étais groggy. J'avais le visage tuméfié, je portais un beau coquard à l'œil droit, à moitié fermé. J'étais meurtri. J'avais mal partout. Mais persuadé que l'individu que j'avais mordu allait longtemps garder des séquelles douloureuses de ma morsure, j'ai ressenti une immense satisfaction. J'avais eu ma vengeance ; ma dignité était sauve.

L'année 1942 marqua un tournant violent dans nos vies, avec le début de l'occupation allemande. Les mêmes mesures cataclysmiques, prises dans tous les pays occupés, ont été appliquées en Tunisie. Le Statut des Juifs est entré en vigueur. Le numerus clausus, imposé aux lycéens juifs, eut pour effet de les empêcher de poursuivre leurs études. L'avenir était bouché. Un beau matin, j'aperçus, en faction devant l'ambassade de Grande-Bretagne à Tunis, une sentinelle allemande. Le terrible choc ! Des Junkers nazis atterrissaient à l'aéroport d'El Aouina et débarquaient des soldats allemands, armés jusqu'aux dents. Très vite, des camions pleins de soldats allemands, roulaient dans toutes les artères de la ville. Ils étaient partout. Bientôt, les Allemands occupèrent tout le territoire tunisien.

La Tunisie passée sous la botte allemande, aussitôt les exactions contre les Juifs commencèrent. Les biens furent saisis, des maisons réquisitionnées, des hommes arrêtés. Au cours des six mois d'occupation, de novembre 1942 à mai 1943, nous connûmes la peur, les bombardements alliés, les privations, la faim, les perquisitions, les réquisitions, les spoliations, les confiscations, les lourdes amendes imposées aux Juifs, les rafles et le travail obligatoire, les rapts et les assassinats. Quelques notables juifs ont été fusillés ou déportés. Des viols de jeunes filles eurent lieu dans notre quartier. Les jeunes Juifs ont été requis, pour les camps de travail obligatoire, à partir de l'âge de 18 ans ; les travailleurs furent conduits là où l'armée allemande avait besoin de main-d'œuvre, souvent près de la ligne de front. Mon cousin Albert fit partie de ces groupes de forçats. Il eut le *privilège* d'être affecté à l'aérodrome d'El Aouina, ce qui lui permettait de rentrer, chaque soir, à la maison. Il revenait du chantier, fatigué, sale, couvert de poussière, mal rasé, affamé. Maniant pelle et pioche, il s'activait, sous les vociférations des Allemands qui criaient : « *Schnell, schnell*, Vite, vite », à combler les entonnoirs creusés par les bombes, dans les pistes d'atterrissage de l'aéroport d'El Aouina, cible privilégiée des B2, les bombardiers américains. Mon cousin Michel, qui avait été réformé de l'armée pour cause d'épilepsie, n'avait pas été pris.

Je venais d'avoir 17 ans, quand je fus pris dans une rafle menée par des policiers français et des soldats allemands qui cueillaient tous les hommes, quel que soit leur âge : adolescents, adultes et vieillards, pour les envoyer dans les camps de travail obligatoire. Nous fûmes internés dans la cour du collège de l'Alliance. Je réussis à m'en échapper, grâce à l'aide d'une habitante de l'immeuble, qui, de sa fenêtre, me désigna une issue non surveillée. Une garde plus sévère fut bientôt mise en place. Je l'avais échappé belle !

Nous vivions très mal. Les denrées de première nécessité étaient devenues rares. Des tickets de rationnement étaient délivrés à la population pour l'achat du pain, de l'huile, du sucre, du café, des pâtes, des pommes de terre (on vit apparaître les topinambours), du lait (la ration de lait étant insuffisante pour les besoins de quatre enfants en pleine croissance, ma mère y ajoutait de l'eau pour en augmenter le volume), du chocolat, du savon, du charbon, du pétrole, des chaussures (on les fabriquait en utilisant du plastique, pour les empeignes, et des bandes de pneus de voiture, pour les semelles), du textile, des vêtements. Les rations étaient nettement insuffisantes pour nourrir toute une famille. Le ravitaillement devenait rare. On faisait la queue pour chaque denrée. Seuls les gens fortunés pouvaient acheter les denrées essentielles et les cigarettes au marché noir. La ration du tabac, allouée à tous les adultes de la famille, à papa, maman et la tante Sarah, était très insuffisante et rendait mon paternel, grand fumeur devant l'Eternel, extrêmement nerveux. Il achetait, hors contingent, ses clopes au prix fort.

Tunis subit les terribles bombardements alliés. Dans la journée on scrutait le ciel. On pouvait repérer, à vue d'œil et à l'oreille, les avions alliés au ronronnement caractéristique. Pour s'abriter des bombes, qui parfois tombaient dans les quartiers habités, on se précipitait dans les abris signalés, plus couramment dans les tranchées creusées dans le cimetière juif de l'Avenue de Londres, au milieu des ossements humains. Après l'Indépendance de la Tunisie, ce vieux cimetière a été transformé en jardin public.

Quand la Défense Contre Avions (DCA) allemande entrait en action, on pouvait distinguer les points d'impact des tirs, sous forme de petits nuages blancs. A de rares occasions, on voyait un avion descendre en flammes, touché par les tirs de la DCA.

Les vitres de nos fenêtres étaient badigeonnées en bleu pour camoufler les lumières de nos lampes. Quand, pendant la nuit, nous entendions le hurlement sinistre des sirènes, nous descendions de notre premier étage pour nous réunir chez le voisin du rez-de-chaussée, rabbin de son état, qui nous recommandait d'invoquer *ha Chem*, le Nom, sans interruption et de réciter le psaume 119, que nous répétons les jours de *Rosh Hachana* et de *Kippour* : « *Léolam A-do-Chem dibarkha nitsab bachamaïm*, pour l'éternité, Seigneur, Ta bénédiction demeure immuable dans les cieux. » Durant toute ma campagne de guerre et dans tous les moments difficiles, me revenait à l'esprit cette prière murmurée, qui me rassurait et à laquelle je dois, peut-être, d'être en vie.

Jugeant que je n'étais pas plus à l'abri au rez-de-chaussée, qu'au premier étage, je décidai, malgré les supplications de mes parents, crispés par la peur, de ne plus descendre chez le saint homme auprès de qui ils se sentaient plus en sécurité, pendant les alertes. Qu'on soit à l'étage ou au rez-de-chaussée, si une bombe tombait sur, ou à proximité de notre misérable demeure, nous serions pareillement ensevelis sous les décombres. Nous ne pouvions pas nous cacher en ville européenne ; l'environnement nous était hostile.

La Résidence Générale s'était mise sous la botte allemande. La communauté juive se retrouvait livrée à elle-même, dans l'indifférence générale et la joie des antisémites et des fachos. Nous craignions que l'occupation allemande ne s'éternise et que les nazis n'étendent les mesures antijuives prises en Europe occupée. Nous ne pouvions pas imaginer ce qu'était la Solution Finale du peuple juif. Si l'occupation avait duré plus longtemps, notre sort aurait été celui des déportés juifs d'Europe. Nous avons su plus tard que les Allemands avaient commencé à construire des fours crématoires en Tunisie, à Djebel Djeloud.

Il fallait pourtant continuer à vivre et trouver du travail. Par chance les Allemands aimaient se faire tirer le portrait et envoyer des photos à leurs familles. Cela nous procura du travail, à mon père et moi. Les Allemands, très disciplinés, faisaient patiemment une queue de une à deux heures sur le trottoir de la Place Bab-Souika où nous avions installé nos appareils. Je tirais les négatifs à la chaîne et mon père les positifs, ou inversement. Je travaillais jusqu'à la tombée du jour. Mon père, qui se disait fatigué, décrochait tôt et rentrait à la maison. Je restais avec ma mère qui tenait la caisse. Nous vivions dans la crainte permanente que les Allemands ne découvrent notre identité juive ou que nous soyons dénoncés et appréhendés. Sur le lieu de travail, nous étions hors du ghetto, une véritable souricière. De petits voisins arabes nous signalaient aux Allemands, en mimant le geste de nous égorger et en criant : « *Juden kaputt,* mort aux Juifs. » Heureusement les Allemands n'en tenaient pas compte. Nous parlions ostensiblement en espagnol. L'Espagne était alors dirigée par le général Franco, ami de Hitler, mais il ne participait pas au conflit.

De jeunes Germains me demandaient quelques fois, pourquoi je n'étais pas sous l'uniforme, à leurs côtés, pour aller combattre les Alliés. La France de la Collaboration avait mis des volontaires français au service du Reich. Je répondais que je n'avais pas encore l'âge d'être incorporé et que ça n'allait pas tarder.

Nous suivions avec anxiété et espoir l'avance de Alliés sur le front sud. Après des combats acharnés autour de Kasserine, l'armée britannique du général Montgomery mettait l'Afrika Korps en déroute et sortait vainqueur de la campagne de Lybie. Lorsque les troupes anglo-américaines, suivies deux jours après par des Français, libérèrent Tunis, ce fut le soulagement général. Nous étions enfin libres. Un tankiste américain me fit monter sur son char avec d'autres jeunes. Il nous offrit des chewing-gums et des cigarettes que j'ai données à mon père.

Nous eûmes la même opportunité de travail avec les Anglais et les Australiens ; un peu moins avec les Américains qui avaient leurs appareils Kodak. Mais ça ne devait pas durer car j'allais bientôt être mobilisé.

Je n'ai jamais éprouvé l'envie de retourner en Tunisie que j'ai quittée, en 1960, sans regrets et sans idée de retour. Je n'y ai, d'ailleurs, jamais remis les pieds. Je ne peux pas dire que je sois malheureux d'avoir quitté la Tunisie. Tout d'abord parce que je ne suis pas spécialement attaché au passé, et la Tunisie n'est pas ma terre natale.

Comme je vous savez, mes racines sont multiples : la Judée, l'Espagne, la France, la Tunisie.

Certains de mes amis tunisiens, lorsqu'ils regardent en arrière, s'attendrissent sur une vision très romantique du passé ; ils prétendent que tout était mieux avant et entretiennent le mythe du bon vieux temps. Ils oublient les injures, les vexations, les tabassées et les pogromes sanglants qui ont longtemps été leur lot en pays arabe. Les 150.000 Juifs qui habitaient en Tunisie, ont fort opportunément quitté ce pays après son accession à l'indépendance.

Pour ce qui me concerne je vis ancré dans le présent. Les paysages tunisiens ne me manquent pas. J'ai beaucoup voyagé et connu de nombreux sites touristiques plus attrayants. Ce qui me manque, en revanche, et que je ne retrouverais plus, hélas, c'est l'art et la douceur de vivre de mon enfance, les odeurs du cocon familial, l'amour de mes parents, le temps de mon insouciance, l'amitié et l'affection de tous les êtres qui m'étaient chers, à jamais disparus. Le temps a hélas fait son œuvre.

Je souhaitais ardemment revenir en France, revoir Marseille et Paris. La France est le plus beau pays du monde et Paris la ville la plus fascinante. Je rêvais de goûter aux plaisirs de la capitale, le centre de la vie culturelle et artistique du monde, du luxe et du bon goût. Je voulais flâner le long des quais de la Seine, musarder dans les rues des fameux quartiers de Montparnasse, le Saint-Germain-des-Prés de la belle époque, le Quartier latin des Grandes écoles, me régaler de jazz dans les caves, connaître les cafés littéraires, l'univers fréquenté par les intellectuels et les existentialistes. Jean-Paul Sartre, Simone de Beauvoir, Boris Vian, Jacques Prévert et Juliette Gréco faisaient la une de la presse reçue à Tunis. Je n'ai donc pas vécu mon rapatriement en France comme un arrachement d'un paradis perdu. J'ai certes passé de bons moments à Tunis, mais aussi des périodes pas très roses. J'ai eu une enfance miséreuse, une adolescence sordide. J'ai connu les frustrations, les humiliations, l'antisémitisme, les lois scélérates de Vichy, l'occupation allemande, les bombes, la peur et les privations. Et c'est de Tunis que je partis à la guerre.

Chapitre deux

Etant né en 1925, j'appartenais à la classe de mobilisation 1945. Or au mois de juin 1943, la nouvelle se répandit que les jeunes Français de la classe 1945 vivant en Tunisie seraient mobilisés, avant leur majorité, dès l'âge de 18 ans. Je ne souhaitais pas servir sous le commandement du Général Giraud, dont l'armée était formée de militaires de carrière ayant servi Pétain. Le général Giraud refusait de rétablir les 140.000 Juifs d'Algérie dans la nationalité française qui leur avait été accordée, par le décret du 24 octobre 1870 signé par Gaston Crémieux alors ministre de la Justice du gouvernement Gambetta. Le décret avait ensuite été aboli par le gouvernement de Vichy, soixante-dix ans après sa promulgation, au lendemain du Statut des Juifs. Les Juifs d'Algérie avaient pourtant joué un rôle prépondérant lors du débarquement allié en Algérie, grâce à l'action des frères Aboulker. Ce fut le général de Gaulle qui, sur l'intervention de son conseiller René Cassin, futur prix NOBEL de la Paix, imposa le rétablissement du Décret Crémieux et permit aux Juifs d'Algérie de retrouver la nationalité française. Le 10 septembre 1944, de Gaulle abolira toutes les lois antijuives promulguées par Pétain.

Je décidais en conséquence de devancer mon appel et m'engager dans les Forces Françaises Libres (FFL), du général Leclerc. Or, n'étaient acceptés dans cette armée que les étrangers ou les ressortissants tunisiens. Les Français devaient attendre leur incorporation prochaine dans la Première Armée Française, sous commandement du général de Lattre de Tassigny. Mon collègue et ami, André Ankri, Juif tunisien, réussit à s'engager dans les FFL. Les premières troupes du général Leclerc entrées dans Paris, comptaient de nombreux Juifs et des Républicains espagnols, tous engagés volontaires.

En novembre 1943, le général Giraud décrétait la mobilisation générale pour la poursuite de la lutte contre les Allemands. Je reçus l'Ordre d'appel sous les drapeaux, passai le conseil de révision, fus déclaré sain de corps et d'esprit, apte pour le service armé.

Après les humiliations et les persécutions endurées sous le gouvernement de Vichy et sous l'occupation allemande, j'allais partir me battre pour servir le pays qui m'avait rejeté. C'était l'été de mes dix-huit ans. La famille était consternée. La séparation, douloureuse, eut lieu à la gare des Chemins de Fer Tunisiens (CFT). Tout le monde était là : mon père, ma mère, ma tante Sarina, mes frères et ma sœur. L'émotion était à son comble.

J'essayais de consoler ma mère en pleurs, l'assurant que je ne courais aucun risque d'être envoyé au front, la période de préparation militaire devant être longue ; j'ajoutais que la guerre serait terminée avant que je sois opérationnel. Je lui promis de prendre grand soin de moi, de bien manger, de bien me couvrir et de lui écrire tous les jours. Elle me conseilla, pour me protéger pensait-elle, de ne pas révéler que j'étais juif. Conseil inutile : je suis trop fier de mon appartenance à l'identité juive.

Le train démarre ; moment d'intense émotion. Je retiens mes larmes. J'ai le cœur lourd. Quand reverrais-je mes parents, mes frères, ma sœur ? Je les vois encore, courir le long du quai de la gare en agitant les mouchoirs pour m'adresser un dernier au-revoir. Ils sont déjà loin. Les dés sont jetés

Dans le train, les Français appelés sous les drapeaux étaient peu nombreux. Les Juifs vivant en Tunisie étaient, en général, de nationalité tunisienne. Les sujets du *bey*, vassal du sultan du temps de l'Empire ottoman, maintenu au pouvoir sous le protectorat français, n'étaient pas mobilisables. Seuls se trouvaient parmi nous des Juifs dont les parents avaient acquis la nationalité française par naturalisation. Les autres résidents de Tunisie étaient des ressortissants de leur pays d'origine. Ils n'étaient pas nombreux les Italiens,

Espagnols, Maltais (sujets de la couronne britannique), Belges ou Turcs, à s'engager et combattre pour la France. Ils acquerront, pour la plupart, la nationalité française, après la fin de la guerre.

Nous descendons du train à Tabarka. A l'arrivée, nous sommes reçus par un vieil adjudant de carrière, un plouc à la face couperosée par l'abus d'alcool, fort en gueule, hargneux, grotesque, braillard, menaçant, exigeant une stricte discipline ; une vraie peau de vache ! Il promet de nous en faire baver si nous ne nous soumettons pas *illico presto* à ses ordres. Silence dans les rangs ! Alignement par deux et que ça saute ! Grouillez-vous scrogneugneu ! Chef, oui chef ! Sortis du cocon familial nous sommes livrés aux brimades de ce rustre inculte, vachard, irascible, pervers, qui allait nous commander et disposer de nous, à sa guise, pour **D.** sait combien de temps.

Nous partîmes en car pour la caserne du Centre d'Instruction d'Infanterie d'Aïn-Draham. Nous y arrivâmes de nuit. Je découvrais la neige, pour la première fois. Après l'appel nominatif, le même sous-officier à la grande gueule, nous conduisit à notre chambrée, un dortoir où étaient alignés une douzaine de lits-gigognes. Chacun se précipita vers ce qu'il croyait être la meilleure place.

Nous déposâmes nos bagages. Le sous-off nous recommanda d'apprendre à aligner, vite-fait bien fait, le lit au carré.

J'avais espéré servir dans l'aviation, sans doute en réminiscence de mon rêve de gosse de devenir pilote d'avion. Me voici embrigadé dans l'infanterie. Je devins fantassin, semblable à l'image que j'avais du poilu de la Première Guerre mondiale : « *Fantassin, métier de chien.* »

Le lendemain matin, nous fûmes réveillés au son du clairon et rassemblés pour être conduits chez le coiffeur ; il nous fallut passer sous la tondeuse. Je me retrouvai avec la boule à zéro, que j'exécrais au temps de ma scolarité, à l'école primaire. J'enfonçai mon bonnet jusqu'aux oreilles ; dans les hauteurs d'Aïn-Draham il neige abondamment et il fait froid.

Nous nous rendîmes ensuite au vestiaire où nous fut remis le paquetage contenant notre uniforme : le treillis, vêtement d'exercice, une tenue pour la parade : une capote, une vareuse, un pantalon, des bandes molletières (un cauchemar pour enrouler ces bandes ; elles glisseront invariablement jusqu'à mes chevilles), un calot, des godillots, qui n'étaient pas de première main, si j'ose dire ; ils me blesseront pendant la marche et seront la cause de nombreuses ampoules aux pieds, et du linge de corps. Tout était de couleur kaki. On nous distribua également une boîte de graisse pour assouplir le cuir des chaussures, une gourde, une gamelle, un quart (un gobelet en fer blanc, muni d'une anse) à utiliser pour le café, le fameux *jus de chaussette,* et le *pinard* que j'offrirais à mes camarades, avec toutes mes rations de cigarettes ; puisque je ne bois ni ne fume.

Ensuite, nous allâmes à l'armurerie prendre possession de notre arme individuelle : un fusil Lebel avec une baïonnette dans son fourreau rouillé, datant de la guerre de 14-18.

Le clairon sonna, sur l'air appris de : « *C'n'est pas d'la soupe s'est du rata, c'n'est pas d'la merde mais ça viendra.* » L'adjudant aboya : « *A la soupe !* » Se posait à moi un grand problème de conscience : allais-je transgresser les lois alimentaires de la *cacherouth* ? Je n'avais jamais auparavant mangé d'aliment *taref,* une nourriture non autorisée ; mais, dans l'armée, on ne sert pas, comme dans les avions, de *kosher meal,* menu kasher. Pendant deux ou trois jours, le temps d'épuiser les provisions, que j'avais emportées de la maison, je pouvais m'abstenir de manger le fameux rata, mais ensuite ? Allais-je faire la grève de la faim ? Confronté à l'horrible dilemme, je pris le parti de m'abstenir de manger la viande de porc mais de m'accommoder de la viande de bœuf ou de volaille ; même si la *chéhitah*, l'abattage rituel de l'animal par un *chohet*, n'avait pas été opérée suivant les règles strictes imposées par la Tradition.

Nous nous dirigeâmes vers le réfectoire. On annonçait du *singe* au menu. Le temps de comprendre que ce terme désigne, en argot militaire, une conserve de bœuf, autrement appelé *corned-beef*, la première bouchée eut du mal à passer ; elle me resta en travers de la gorge. J'avais la nausée, le cœur barbouillé. Je me retins de vomir. Contraint et forcé je dus me soumettre à la réalité de la situation. *Ein breira* ! Je n'ai pas le choix.

Comment allais-je pouvoir pratiquer mon judaïsme dans cet environnement *goy*, non-juif ? En quittant la maison je n'avais pas emporté mon *talith*, ni mes *téfilines*, ni mon *tsitsit katane*, un petit *talith* que je portais le jour et la nuit. De toute façon, à la caserne, je n'avais pas le temps de réciter ma *téfilah*, ma prière quotidienne. Pendant un certain temps, les colis alimentaires, envoyés par mes parents, améliorèrent le menu quotidien, jusqu'au jour où les colis cessèrent d'arriver, en raison de nos fréquents déplacements.

A propos de l'observance de la nourriture kasher, je garde un souvenir ému de mon camarade Elbaz, originaire de Constantine, un gars serviable,

143

généreux, humble, très proche de **D.**, qui refusait toute nourriture *taref* et ne se nourrissait que de biscuits, de dattes et de bananes sèches. Il nous incitait, quand c'était possible, à réciter nos trois prières quotidiennes. Ce cher ami a trouvé la mort au combat, pendant la campagne d'Alsace.

Après la soupe, nous rejoignîmes notre chambrée. Nous plaisantions ; chacun y allait de son histoire amusante ou grivoise, quand un appelé, d'origine maltaise, se croyant drôle, se mit à raconter une histoire tournant en dérision les rabbins, en prenant l'accent traînant des Juifs tunisiens. Je réagis au quart de tour ; je n'allais pas laisser passer ce genre de plaisanterie imbécile, puant l'antisémitisme, dont j'avais déjà fait l'amère expérience. Je pris, à mon tour, l'accent maltais très spécial et lui balançai des jurons, probablement blasphématoires, que souvent s'échangeaient des cochers de fiacre maltais, quand ils se disputaient. Je n'en comprenais pas un traître mot. Les premiers mots d'une langue étrangère que l'on apprend sont toujours des gros mots. Toujours est-il que le rieur maltais perdit toute mesure. Fou de rage, il se précipita sur sa baïonnette, jurant qu'il me la passerait au travers du corps. Les compagnons de chambrée retinrent difficilement le forcené. Nous ne nous sommes jamais rabibochés.

144

Sachant à quoi s'en tenir, plus personne ne s'avisa à faire des plaisanteries de mauvais goût sur les Juifs.

Le clairon sonna le couvre-feu. J'essayais de trouver le sommeil. Le sommier grince. Mille idées se bousculaient dans ma tête. Je passai une nuit agitée, la première, hors de la chaude ambiance familiale ; et en milieu hostile.

Très tôt le lendemain matin, le clairon sonna le rassemblement pour un *briefing*, des instructions, consignes et mises en garde, sur la conduite à tenir au régiment. Deux jours après notre arrivée à Aïn-Draham, nous remontâmes dans les camions et retournâmes au Centre d'Instruction d'Infanterie de Tabarka.

Pendant deux mois, nous allions apprendre à différencier les grades suivant les corps d'armée et respecter la hiérarchie, à marcher au pas, obéir aux ordres, manier les armes, distinguer les nôtres de celles de nos alliés et de nos ennemis, reconnaître les grenades offensives et défensives, démonter le fusil à grande vitesse, nettoyer les différentes pièces et vite les remonter. Et gare si, à l'inspection, l'âme du fusil présentait le moindre grain de poussière ! La punition tombait, de la simple corvée à une peine de prison, suivant l'humeur du *patron*.

Ainsi s'interprétait la sonnerie matinale du clairon : « *Soldat lève-toi, soldat lève-toi, soldat lève-toi bien vite,* (bis)
Si tu n'veux pas t'lever fais-toi porter malade,
Si t'es pas reconnu t'auras huit jours dans le c... »
Le chef de chambrée hurlait : « *Debout là d'dans* ! »
Il fallait vite sauter du lit, ranger drap et couverture, aller au rassemblement au pas de gymnastique, s'aligner, répondre à l'appel de présence, saluer les couleurs au commandement : « *Gaaard' à vous* ! *Prééséntééez arme* ! *Reposéeez arme* ! *repos* ! » ; puis, par groupes, prendre la direction du stade. Là, toujours vite, courir, sauter, ramper sur des chardons ou sous des fils barbelés, escalader des murs, franchir des obstacles, grimper à la corde, faire le maximum de pompes (j'avais du mal à soulever mon corps plus de cinq à six fois). C'était le dur parcours du combattant.

Au bout de deux heures de transpiration, à bout de souffle et fourbus, nous retournions à la caserne en marchant au pas cadencé. Pour démarrer, il fallait toujours attaquer le sol du talon gauche et suivre le rythme imposé par le sous-officier : « *En avaaant marche* ! *Une deux* ! *Une deux* ! *une deux trois quatre* ! », parfois en entonnant des chants militaires, au son d'une fanfare marchant en tête de compagnie.

Nous nous dispersions au commandement du chef : « *Rompez les rangs !* » Puis, après une toilette rapide et petit déjeuner composé d'un café insipide, d'une tranche de pain de campagne et d'un morceau de fromage, nous allions nous exercer au maniement des armes en obéissant aux ordres, hurlés par des chefs braillards sans éducation :

« *Gaaard' à vous ! Repos ! Arme sur l'épauaule droite ! Présentééééez armes ! Reposééééez arme ! Demi-touuouour droite ! En avan-an-an-an marche ! Halte ! A gauche, gauche ! Rompez les rangs !* »

J'appris à chanter : *Boire un petit coup c'est agréable, La Madelon* et des chansons paillardes. Voici les paroles du glorieux chant, que nous chantions crânement, au pas cadencé, avant notre débarquement sur le sol de France :

C'est nous les Africains,
C'est nous les Africains qui revenons de loin,
Nous venons des colonies pour défendre le pays,
Nous avons laissé là-bas nos parents nos amis
Et nous avons au cœur une invincible ardeur
Car nous voulons porter haut et fier,
Le beau drapeau de notre France altière.
Et si quelqu'un venait à y toucher, à y toucher
Nous serions là pour mourir à ses pieds, oui à ses pieds.
Les turcos, les turcos sont de bons enfants (bis),

147

Mais faut pas qu'on les emmerde,
Sans cela la chose est certaine
Les turcos deviennent méchants,
Ça n'empêche pas les sentiments.
Les turcos, les turcos sont de bons enfants.
Tirailleurs couscous, tirailleurs couscous, tirailleurs,
tirailleurs, tirailleurs.

Nous avions chacun notre tour de corvée : laver la chambrée, nettoyer la cour et, plus péniblement, nettoyer les chiottes. Cette corvée était généralement réservée aux punis. Ils rappliquaient au son du clairon interprété comme suit : « *L'appel des cons, l'appel des cons, l'appel des consignés.* »

Le dimanche matin, nous lavions notre linge. Une fois par semaine nous étions conduits au hammam. Certains camarades, couverts de morpions, étaient envoyés à la désinfection. D'autres avaient de gros furoncles turgescents, rouges, douloureux, récidivants.
Nous avions aussi notre tour de garde, la relève de la sentinelle toutes les deux heures, de jour comme de nuit, soit devant une guérite située à l'entrée de la caserne, soit devant l'armurerie ou, encore, devant le mitard où on enferme les punis.

Nous nous rendions régulièrement au stand de tir. Comme j'avais une bonne acuité visuelle et qu'à chaque fois je faisais mouche sur ma cible, je fus désigné comme tireur au fusil-mitrailleur Hotchkiss. Je devais me coltiner cet engin et son trépied, à chaque sortie pour la manœuvre. Cette arme, très lourde, me sciait l'épaule.

Début mai 1944, nous passâmes la frontière algérienne et arrivâmes à Miliana. Nous fûmes affectés au Bataillon d'Instruction du 4e Régiment de Zouaves. Je fis la connaissance de jeunes appelés juifs de mon âge, originaires de Constantine. Le courant passait bien entre nous. Je sympathisai également avec Sorba et Raffali, deux Corses de Tunis, que j'aurai plaisir à revoir, à mon retour à la vie civile.

Les quatre mois passés à Miliana furent fort pénibles : bivouacs en pleine campagne désertique, marches forcées de vingt à vingt-cinq kilomètres dans le djebel, fréquentes et épuisantes, sous un soleil de plomb, avec barda et armement sur le dos. Crapahutant, ainsi harnachés, en terrain rocailleux et inégal, fait de creux et de bosses, nous allions au bout de nos forces.

Nous faisions des pauses chez des colons protégés par l'armée. Ils s'empressaient de nous offrir du vin de leurs cépages. Mais je ne buvais pas de vin. Ils nous recommandaient : « *Ne piquez pas les fruits des vergers !* » et : « *Faîtes bien attention à ne pas piétiner les champs ensemencés.* »

Au départ d'une de ces marches, un bidasse qui présentait une vilaine entaille infectée au pied, s'était fait porter pâle pour être dispensé de cet exercice ; il essuya un refus. Le soir, de retour à la caserne, sa blessure était gangrenée. Notre camarade est décédé à l'hôpital, quelques jours après y avoir été transporté, brûlant de fièvre.

Les exercices succédaient aux exercices. Nous subissions un entraînement intensif pour, selon notre officier, « *nous préparer rapidement à nous battre, pour marquer la présence française dans les armées combattantes* » L'ennui c'était que nous aurions à nous battre bientôt, non pas comme à l'exercice, en simulant un engagement contre un ennemi hypothétique, avec des tirs généralement à blanc (parfois seulement à tir réel), mais contre un ennemi puissamment armé, sur un terrain verglacé, sous une neige épaisse et un climat très rigoureux, certains jours à 34 degrés au-dessous de zéro, dans des conditions bien différentes de celles que nous connaissions dans ce djebel désertique.

Le lieutenant Folety, commandant notre compagnie, était féru du *noble art*. Aussi, tous les matins, à l'heure de l'exercice physique, nous distribuait-il des gants de boxe en nous disant : « *Battez-vous* ! » Nous avions pour entraîneur un appelé, Max Gozlan, boxeur amateur poids lourd. Lorsque je le voyais, pour se mettre en train, sauter à la corde, avec sa dégaine de gros ours, je restais bouche bée. Il était d'une souplesse et d'une rapidité incroyables pour une pareille masse de graisse et de muscles. J'avais pour partenaire, Robert Krieff, un petit Bizertin, râblé. Nous boxions dans la même catégorie de poids. J'avais sur lui l'avantage d'une plus grande allonge de bras, de sorte que j'arrivais toujours à le tenir à distance et le touchai souvent. Il s'énervait, mais ses gants n'arrivaient pas à m'atteindre. Max me servait de *sparring-partner*. Il me répétait tout le temps : « *Frappe, frappe-moi plus fort.* » A un certain moment, je dus le frapper vraiment fort et lui faire mal. Par un geste réflexe, il allongea sa droite que je ne pus esquiver. Je connus le K.O. Je restai groggy de longues minutes. Max s'excusa ; il n'avait absolument pas l'intention de me faire mal.

Les Bônois de la compagnie, n'étaient pas des mieux éduqués. Leur langage était parsemé de nombreuses expressions ordurières, qu'il m'est impossible de répéter ici. Il y avait parmi eux un grand gaillard doté de beaux pectoraux, d'une puissante musculature. Il devait être capable

151

d'assommer un bœuf d'un seul coup de poing. Le lieutenant Folety conçut l'idée d'opposer, sur un ring de boxe, ce Rambo, qui jouait les gros bras, à Max Gozlan. Le combat eut lieu à la loyale. L'art du boxeur, technicien expérimenté, opposé à la force brute. L'artiste eut raison du bûcheron qui fut battu aux points. Depuis ce jour-là, Max Gozlan eut droit à la considération et au respect des Bônois. Rambo n'a plus roulé des mécaniques en sa présence.

En raison de sa corpulence, Max fut déclaré inapte pour le service actif et versé au Service auxiliaire. De ce fait, il n'a pas participé, avec nous, au débarquement en France, ni aux combats avec notre groupe.

J'ai revu ce cher Max, à Tunis, après la guerre. Il tenait une boutique de tailleur à l'enseigne de : *Chic et Beau*. Je ne sais pas ce qu'est devenu Robert Krieff. A-t-il survécu à la guerre ?

Notre compagnie participa à une compétition d'athlétisme. Je remportai le titre de champion du régiment, dans l'épreuve du sprint. Je courus les cent mètres en un temps de douze secondes. Les sprinters ont fait beaucoup mieux depuis : cette distance est aujourd'hui courue en moins de dix secondes.

A la fin de cette période de manœuvres, je fus promu soldat de première classe. Cette distinction ne me conférait aucune responsabilité. Elle me distinguait comme vaillant petit soldat, bon pour aller à la boucherie. Mais, bons soldats ou pas, les Juifs étaient toujours discriminés et traités en citoyens de deuxième catégorie. En voici quelques exemples : les soldats de religion chrétienne étaient autorisés à se rendre à l'église, pour la messe du dimanche et des jours des fêtes. Ces jours-là, nous étions consignés à la caserne et chargés de toutes les gardes et les corvées. Par contre, les Juifs étaient empêchés d'aller sanctifier le jour du *chabbat*, le samedi, à la synagogue. Pour les jours des fêtes juives, la permission de sortie nous était refusée. Deux de mes camarades et moi avions décidé de braver l'interdiction, nous *fîmes le mur* pour nous rendre à la synagogue.

Manque de bol, nous croisâmes, sur notre chemin, notre adjudant en goguette, puant le pinard, qui nous fit faire demi-tour et nous sanctionna de quatre jours de mitard. Nous fûmes enfermés dans un réduit de deux mètres carrés, couchés sur une paillasse infecte et mis au régime du pain sec. En temps de guerre, nous ne pouvions pas nous rebeller ; nous risquions d'être accusés de désertion et passibles du Conseil de guerre.

Nous n'étions rien, *la bleusaille*, menée tyranniquement par des chefaillons pétainistes qui jouaient aux caïds et juraient de nous en faire baver.

Avant de nous embarquer pour la guerre, nous partîmes renforcer le 2ᵉ Bataillon d'Infanterie du 1ᵉʳ Régiment de Zouaves, à Casablanca, une belle ville, aux larges avenues et aux grands boulevards. Le jour de *Kippour* tombait pendant notre séjour à Casablanca. Je me renseignai pour savoir où se trouvait la synagogue la plus proche de la caserne ; je me rendis à l'adresse indiquée, Rue de France. J'y entrai. Je vis les fidèles vêtus, curieusement, de costumes de cérémonie et portant des chapeaux hauts-de-forme. L'accueil fut glacial. Mon uniforme militaire semblait poser problème. Voyant que ma présence gênait, je ressortis, déçu et indigné par la totale indifférence de mes coreligionnaires. Je m'attendais à être reçu et invité plus fraternellement, après l'office, dans une famille juive, pour la rupture du jeûne, à la fin de ce jour solennel.

Je déambulai dans la ville jusqu'à l'heure de la *néhila*, marquant la fin de *Kippour*. Je retournai à la caserne, rompu de fatigue. L'heure de la soupe étant passée je dus prolonger mon jeûne jusqu'au lendemain matin.

Un autre jour j'allai visiter le *mellah*, le ghetto marocain. La Hara de Tunis pouvait être considérée comme un quartier résidentiel, en comparaison de ces ruelles étroites et sales, où les portes s'ouvraient directement sur des chambres d'habitation, sombres et miséreuses, où étaient logées plusieurs personnes. Je ressentis un serrement de cœur en découvrant la pauvreté extrême des gens qui vivaient dans ce cloaque. De très jeunes prostituées, d'à peine treize ou quatorze ans, racolaient les passants. Quel contraste entre cette misère et l'opulence des coreligionnaires aperçus, hors du mellah, dans la synagogue des rupins de la Rue de France ! Dire que le monde envie le sens de la solidarité légendaire des Juifs.

De Casablanca, nous retournâmes vers l'est, à Oran, au Centre d'Eckmuhl, en passant par Oujda et Sidi Bel Abbès. Nous fûmes affectés au corps expéditionnaire de la Première Armée Française, sous le commandement du général de Lattre de Tassigny. Cette armée était composée de troupes disparates : des Français d'Afrique du Nord, *les pieds-noirs*, des supplétifs marocains (tabors et goumiers), des tirailleurs algériens et des divisions d'Afrique noire. Je relevai, parmi les officiers de notre compagnie, les noms du lieutenant Cohen, un réserviste, et de l'aspirant

Bismuth. A cet instant, je ne sais pourquoi, l'affaire Dreyfus a surgi dans mon esprit.

Nous étions prêts pour le grand saut vers l'inconnu.

Le débarquement allié avait déjà eu lieu en France. Quelques semaines plus tard, les troupes françaises de la 4e Division Marocaine de Montagne (DMM), sous commandement du général de Monsabert, débarquèrent en Provence avec les armées alliées. Ils se dirigèrent vers Toulon et Marseille et montèrent vers le Nord. Cette division formée de goumiers marocains s'était glorieusement illustrée en Italie.

Le 19 août 1944 Paris se soulevait. Le 24 août le général Leclerc lançait ses chars de la 2e DB contre la Capitale. Refusant de mettre Paris à feu et à sang, comme le lui commandait Hitler, le général Von Choltitz se rendait. Le 23 août 1944 le général Leclerc entrait à Strasbourg.

La Libération s'accélérait, mais les convois des déportés juifs de France se poursuivaient.

Lorsque, à notre tour, nous avons quitté l'Afrique du Nord pour débarquer en Provence, le sud de la France était déjà libéré : Marseille le 28 août et Lyon le 3 septembre 1944. Initialement, nous devions renforcer l'armée française qui se battait en Italie. Après la chute du Monte Cassino, conquis par les unités du général Juin, nous avons débarqué en Provence.

Le 24 novembre 1944, nous sommes retournés à Oran, puis nous avons embarqué au clair de lune, à Mers-el-Kébir, sur un luxueux paquebot britannique, à destination de la France. L'excitation était extrême, l'émotion à son comble. Notre navire était escorté par une véritable armada de cuirassés, de torpilleurs, de dragueurs de mines. Des avions alliés nous survolaient ; ils semblaient avoir la maîtrise de l'air. Durant cette traversée maritime, nous craignions que notre navire heurte une mine ou soit touché par une torpille lancée par un *U-boat*, sous-marin allemand, ou encore que des stukas nous mitraillent. La distribution de gilets de sauvetage, suivie d'un signal d'alarme sonore, n'était pas pour nous rassurer. Mais il ne s'agissait que d'un exercice.

Au départ la mer était d'huile. Elle ne tarda pas à devenir houleuse. J'avais le mal de mer. Une odeur désagréable de cuisine, parvenait dans ma cabine. J'avais envie de vomir ; je me retenais. On nous servit le petit-déjeuner. Nous étions déroutés par les repas servis à bord auxquels nos papilles n'étaient pas habituées. Le matin : une tranche de cake, un petit pot de marmelade, une mini-ration de pain-mie, un petit carré de beurre et du thé. Au déjeuner : omelette au goût sucré, fromage, mini-ration de pain de mie, jus d'orange et du thé. Si le thé était servi en abondance, le pain était par contre rationné. Pour le *five o'clock*, le goûter de l'après-midi, on nous servait des *muffins* ou des *brownies* pour accompagner le thé. Ce sera le repas type durant les trois jours passés à bord du navire. Pas de quoi remplir suffisamment nos ventres affamés. A ce régime, nous sortions de table, très peu rassasiés.

Nous éprouvons une intense émotion au moment où la côte de France est en vue. Nous abordons le sol français. Nous débarquons à Marseille, ma ville natale, le 27 novembre 1944. Il fait nuit noire ; la ville dort. Nous montons à bord de camions GMC et de camionnettes Dodge-Chevrolet ; les Jeeps sont pour les officiers. Nous nous dirigeons vers le nord. Nous atteignons Aubagne où nous resterons en garnison jusqu'au 31 décembre.

A Aubagne, nous fûmes rééquipés des pieds à la tête. Nous reçûmes des tenues de l'armée américaine, un armement américain : fusil Grant, mitraillette Stern, mitrailleuse lourde à balles traçantes, mortier de 60 m/m. Ainsi harnachés nous ressemblions aux GI, surtout que nous avions pris l'habitude de mâchouiller, comme des vaches ruminantes, du chewing-gum présent dans toutes les rations alimentaires américaines ; elles nous seront fournies durant toute la bataille de France, la campagne d'Allemagne et l'occupation en Autriche.

Je fus nommé chef de pièce de mortier de 60 et doté d'un pistolet Colt avec une ceinture porte-flingue. Me voici cow-boy, plus vrai que nature.

Nous remontâmes les vallées du Rhône et de la Saône. Nous allions au combat. Je reçus mon véritable baptême du feu à Besançon. Nous étions canonnés par les Allemands ; des obus explosaient à ma hauteur, ébranlant mes tympans. Des éclairs de feu, des éclats d'obus incandescents sifflaient à mes oreilles. Je sentis la chaleur de boules de feu qui effleuraient mon visage. J'étais assourdi par la déflagration, étourdi, hébété. Je restai debout, figé, anesthésié, tétanisé. Un officier hurla : « *couchez-vous* ! », en me traitant de tous les noms d'oiseaux. Je repris conscience. Tremblant de tous mes membres de peur rétrospective, je m'allongeai sur l'asphalte d'où s'élevaient de nouvelles gerbes d'éclats d'obus, de nouvelles détonations. Des minutes qui me paraissent éternelles. Je m'en sortis vivant et sans blessure. La mort m'avait frôlé de très près, mais n'avait pas voulu de moi. J'avais une vision romanesque de la guerre, ayant été nourri de romans-feuilletons exaltant les exploits et la bravoure des braves petits poilus de 1914-1918. Je déchantai bien vite.

Nous poursuivions notre progression, sporadiquement bombardés. Le 5 janvier 1945, nous rejoignîmes le 1er RTA, Régiment de Tirailleurs Algériens et intégrâmes la 4e Division Marocaine de Montagne (DMM). Après de durs combats, dans le froid du terrible hiver 1944, Belfort était libéré. Le 1er mars, nous changeâmes d'unité combattante ; nous fûmes versés au 27e RI, le Régiment d'Infanterie de Franche-Comté. Nous restions au contact de l'ennemi. Notre nouvel objectif : la colline de Thann, dans le Haut-Rhin, une position stratégique solidement tenue par les Allemands qu'il fallait déloger. Nous escaladâmes, à découvert, les pentes verglacées de la colline, avec tout notre harnachement, en guidant des mulets affolés qui portaient nos mortiers et nos munitions. Essayez donc de faire avancer un mulet rétif sur un flanc de colline verglacée. Les mulets sont têtus et vicieux comme ...... des mules. Ces bêtes ne savent pas se mettre à plat ventre pour se protéger des bombes et se font bêtement tuer. Elles s'écroulaient. Nous déchargions alors ces solipèdes éventrés et prenions leur chargement sur notre dos, en plus de notre barda et de notre armement. Nous montions péniblement, sous une pluie de *shrapnells*, dans l'axe de tir des *snipers*

160

allemands qui nous tiraient à vue. Nous étions une cible facile pour les tireurs d'élite d'en face qui faisaient des cartons sur nous. Nos pertes étaient importantes ; elles étaient remplacées par l'arrivée de jeunes résistants des FFI, Forces Françaises de l'Intérieur, venus en renfort. En progressant nous découvrions, à moitié ensevelis dans la neige, les corps des camarades qui nous précédaient, fauchés par les shrapnells, leurs jambes en grande partie cisaillées. Des lambeaux de chair étaient pendus aux branches d'arbres. Des tirailleurs algériens, gravement blessés, appelaient en gémissant leur père : « *ya baba* », les implorant de venir à leur secours. En agonisant ils lançaient un appel pathétique à leur père, jamais à leur mère.

A ce moment précis j'eus une pensée pour ma petite maman. Si je venais à être tué comment le supporterait-elle ? J'écartai rapidement ce mauvais augure. Dans ses lettres, qui me parvenaient régulièrement, en Secteur postal de la zone des armées, ma mère, anxieuse, m'écrivait en judéo-espagnol, d'une écriture maladroite, parce qu'elle a toujours refusé, par coquetterie, de porter des lunettes :

« *Querido ijo mio, mi alma i mi corazon, queria estar oun pacharico para venir a verte aillà ; de muerte que no manques, amen !* » Mon cher fils, mon âme et mon cœur, je voudrais être un petit oiseau pour venir te voir là-bas ; que tu sois préservé de la mort, amen ! » Ou encore :

« *Hasta que vas a venir me se va salir l'alma*, jusqu'à ce que tu reviennes, mon âme va me quitter. »

Je surpris un camarade en train de se tirer volontairement une balle à la main, assez superficiellement toutefois, afin de se faire évacuer à l'arrière. Soigné rapidement à l'infirmerie de campagne il fut obligé de remonter et de reprendre son poste. C'était lâche et idiot, mais la peur était incontrôlable. Le schnaps, dont on avait rempli nos gourdes pour nous donner du courage, n'avait pas l'effet escompté. Pendant la guerre de 14-18 on distribuait du rhum aux poilus, avant une attaque, pour leur donner du cran.

Les brancardiers qui venaient ramasser les blessés tombaient à leur tour. Ils paieront un lourd tribut dans cette opération de montées et descentes incessantes avec les blessés sur les brancards. Arrivés au sommet nous nous empressâmes de creuser des trous avec nos pelles, dans la terre durcie, pour nous y enterrer et nous mettre à l'abri des tirs ennemis. Un camarade de section, Rousseau, ancien FFI, un titi parisien gouailleur, hurluberlu et bravache, sortit crânement sa tête du trou, au mépris de toute prudence, pour invectiver les *chleuhs*. Ça n'était pas très malin ; il fut touché de plein fouet par une balle allemande en pleine tête. Il était à mes côtés. Sa cervelle sortait du crâne. C'était horrible. Rousseau était dans le coma mais il était encore vivant, il fallait absolument lui porter secours, rapidement ; on devait essayer de le sauver, ne pas le laisser mourir. Comme il n'y avait qu'un seul brancardier disponible je me portai volontaire pour l'aider à descendre le blessé au bas de la colline, que j'avais escaladée, la peur au ventre.

Etait-ce du courage, de l'inconscience ? Je ne sais. J'étais gelé, harassé, épuisé, mais cette peur qui tenaillait mes tripes, avait disparu. J'étais persuadé que je ne sortirais pas vivant de cette descente aux enfers ; j'envisageais le pire ; j'avais vu trop de morts. Mon tour viendra sans doute bientôt. Alors que Sa volonté soit faite ! Lorsque les tirs des shrapnells se rapprochaient, nous nous couchions et déposions le brancard à terre. C'était une manœuvre périlleuse. Après avoir dévalé les pentes verglacées en faisant notre possible pour ne pas trébucher, ne pas trop secouer le blessé et le maintenir en équilibre - il pesait une tonne sur le brancard - nous parvînmes, tant bien que mal, à l'infirmerie de campagne. Les soldats blessés que je vis là étaient, pour la plupart, touchés aux membres inférieurs ; les obus allemands provoquaient, en explosant, des gerbes d'éclats, à

163

trente ou quarante centimètres du sol, qui cisaillaient les jambes. Que d'estropiés à vie !

J'assistai à une scène d'horreur : l'amputation d'une jambe broyée, déjà atteinte par la gangrène. Le chirurgien la sectionna à vif, à la scie, comme pratiquerait un menuisier sur une planche de bois. Une véritable boucherie.

Nos efforts auront été vains : l'ami Rousseau décédera sur la table d'opération, quelques minutes après notre arrivée dans cet hôpital de fortune.

Je remontai la colline, constamment arrosée par les shrapnells. Je m'allongeais à plat ventre dès que mon sens auditif, aguerri, repérait le bruit particulier de départ d'un obus. Je parvins à mon poste sain et sauf. Je retournai dans ma tranchée. Là, je m'aperçus, avec terreur, qu'au cours de l'ascension j'avais perdu mon Colt. Perdre son arme au front est grave. Devais-je refaire le parcours pour essayer de retrouver mon revolver ? Recru de fatigue et d'épuisement, je ne craignais plus rien. Je frôlais la mort à tous les instants. J'étais fourbu, transi de froid. La température est à -34°. J'avais un début de gelures des pieds et le symptôme du scorbut, des aphtes aux gencives provoqués par une consommation prolongée de conserves en boîtes. Alors, je ne retournerai pas. Advienne que pourra ! Je ne serai pas puni.

Des officiers de haut rang vinrent nous rendre visite et repartirent aussitôt. Ils collectionnaient ainsi des décorations qu'ils épinglaient sur leurs poitrines, pour leur présence furtive en première ligne.

Après quelques jours d'une guerre de positions et d'immobilité, englués dans la boue des tranchées, les obus sifflant toujours au-dessus de nos têtes, constamment sur le qui-vive, l'œil éveillé et l'oreille au guet, nous avions du mal à garder les paupières ouvertes. Je m'efforçai de ne pas piquer du nez. Que ne donnerais-je, en ce moment, pour dormir, dormir au chaud, dans un bon plumard, loin de tout ce vacarme ? Pendant la nuit, nous entendions des explosions provoquées par le passage de lièvres qui sautaient sur des mines.

La neige commençait à fondre ; l'eau froide s'écoulait dans la tranchée. J'étais frigorifié. J'avais peur d'avoir les doigts et les orteils gelés. Gare à l'amputation !

Je fus désigné pour participer en éclaireur, à une patrouille à haut risque de reconnaissance de nuit. Nous devions localiser le point d'où partaient les tirs ennemis. Nous évoluions, dans un silence angoissant, dans le *no man's land*. Nous pataugions et rampions dans la gadoue. Nous repérâmes la position ennemie et retournâmes dans notre trou, sans nous faire repérer. Nous établîmes notre rapport. Nous reçûmes alors l'ordre de canarder l'ennemi au mortier. Je rejoignis ma position de tir et je m'exécutai. La canonnade dura de longues heures.

Les obus de mortier suivaient une trajectoire courbe. Le canon était pointé en direction des installations ennemies, localisées sur le versant opposé de la colline. Un guetteur, tapi sur la crête, vérifiait que les obus tirés faisaient mouche sur leur cible. Si l'objectif n'était pas touché, le tir était ajusté, plus à droite ou plus à gauche, plus loin ou plus rapproché, suivant les indications du guetteur. Même en atteignant la cible il était impossible de savoir, à distance, si les tirs avaient fait des victimes. Je préférais penser que je n'avais tué personne, malgré ma haine des nazis, ces assassins barbares, techniciens de l'extermination de mon peuple. Ne pas tuer est l'un des Dix Commandements de **D.** : « *Ne versez pas le sang de l'homme* ! »

Nous reçûmes l'ordre de nous préparer à donner l'assaut aux positions tenues par les Allemands. Notre Poste de Commandement, le PC, demanda au préalable l'aide de l'aviation alliée.

166

Elle tarda à venir. Sans plus attendre, nous partîmes à l'assaut. Curieusement, les Allemands n'engagèrent pas le combat ; ils se replièrent. Etait-ce un piège ? Allaient-ils revenir par surprise ? Nous restions prudents. Nous occupâmes les positions abandonnées. Le terrain était truffé de mines antipersonnel que dégagèrent des soldats du Génie, venus en renfort. C'est alors que l'on put constater les dégâts occasionnés à l'ennemi. Les Allemands, en se retirant précipitamment, n'avaient pas eu le temps d'évacuer leurs cadavres, gisant dans la neige sale, recroquevillés dans des attitudes surréalistes.

Un chasseur américain nous mitrailla, à la fin de notre opération, sans heureusement nous atteindre. Nous quittâmes Thann, où nous n'avions pas été à la noce, et poursuivîmes notre descente en direction de la ville de Brisach. Le chemin était balisé par les démineurs du Génie, qui subissaient des pertes. Nous avions pour guide un résistant alsacien ; il nous fit emprunter un raccourci, en direction de Mulhouse, en contournant les lignes ennemies. Nous le suivions, non sans une légitime suspicion. L'Allemagne avait en effet annexé l'Alsace et considérait les habitants de cette région comme des *Aryens*, des hommes de la race supérieure. Ils furent mobilisés et incorporés, par la contrainte, dans la Wehrmacht.

On les appelait les *malgré-nous*. Mais certains Alsaciens avaient adhéré spontanément au mouvement nazi. Ils étaient les auteurs de l'horrible massacre d'Oradour-sur-Glane, perpétré le 10 juin 1944 par la division de SS *Das Reich* dont ils faisaient partie. Ayant enfermé femmes et enfants dans une église ils y avaient mis le feu ; les hommes regroupés dans une grange avaient été fusillés. Il y eut 642 morts, parmi lesquels des réfugiés juifs et espagnols. A la Libération ils furent condamnés mais bénéficièrent d'une amnistie.

Notre guide ne nous trahit pas. Il se révéla un authentique résistant antinazi.

Nous poursuivions les Allemands qui battaient précipitamment en retraite, sonnés par l'artillerie, laissant derrière eux des arbres calcinés, des canons, des voitures blindées et des cadavres, beaucoup de cadavres.

Nous nous dirigeâmes sur Colmar qui fut pris le 2 janvier 1945, après de durs combats. En traversant cette ville, j'aperçus des cigognes, perchées sur les toits de jolies maisons à colombages. Je me surpris à sourire, me souvenant que, quand j'étais petit garçon, à l'âge de la candeur, que j'interrogeais ma maman sur le secret de ma naissance, ma génitrice me répondait qu'une cigogne noire et blanche, après m'avoir transporté de très loin dans un panier tenu en son long bec, m'avait déposé devant la porte de la maison. Cela m'intriguait beaucoup. J'espérais donc découvrir un jour une cigogne portant un panier dans son bec. Je vis des cigognes, mais sans panier.

Les Allemands retraversèrent le Rhin, en sens contraire.

Nous entrâmes dans Mulhouse, libérée et sécurisée par les Américains et marquâmes une pause. Nous avions quartier libre. Nous allions souffler un peu. L'accueil des habitants fut très chaleureux. Une femme d'une cinquantaine d'années, vivant seule, nous invita chez elle, un camarade et moi. Elle nous proposa de prendre une douche, nous offrit un repas chaud et nous permit de nous allonger sur un lit pour nous reposer. Nous nous écroulâmes et dormîmes, du sommeil du juste, plusieurs heures d'affilée ; nous avions tellement de sommeil à récupérer ! A notre réveil, cette charmante personne nous prépara un café, un vrai ! Nous discutions de ci de ça. Au détour de la conversation, évoquant les durs moments de la guerre, le rationnement, l'occupation et la Collaboration, elle nous dit son admiration pour le maréchal Pétain, un bel homme, et son mépris pour le général de Gaulle, un homme laid, et pour tous les Juifs qui l'entouraient. Indignés par ces propos, nous saluâmes néanmoins respectueusement cette brave dame en la remerciant de son bon accueil.

De retour dans notre campement je retrouvai, avec une immense joie, mon cousin Albert qui avait effectué des recherches incessantes pour me retrouver. Il servait dans le Corps du Génie. Il conduisait un GMC et avait du temps libre. Nous sortîmes ensemble (la guerre est une étrange époque) avec deux belles Alsaciennes, la mère et la fille, toutes deux très séduisantes. Le magnétisme de mon cousin agissait partout. Au bout de trois délicieuses journées de détente, je dus repartir pour le front. Nous nous embrassâmes et nous quittâmes avec regret.

Nous nous positionnâmes à Vieux-Brisach, au bord du Rhin. Du côté opposé du fleuve se trouvait la ville allemande de Neuf-Brisach. Nous échangions tous les jours, à intervalles irréguliers, des tirs croisés de mortiers. A peine tiré, notre premier obus explosa au-dessus de notre tête. Il avait heurté un câble à haute tension, heureusement sans provoquer de dommages. Les explosions se poursuivaient, jour après jour. Nous eûmes quelques blessés. Au bout de deux semaines, nous fûmes relevés de ce poste.

Nous remontâmes sur Strasbourg. Là, le général de Lattre de Tassigny passa nos troupes en revue. Il nous complimenta pour notre vaillance au combat et nous annonça que nous allions, sous peu, traverser le Rhin et entrer en territoire allemand. Il comptait sur nous pour « *combattre l'ennemi avec autant de vaillance, pour la gloire de la France.* » Il dit nous faire confiance et nous souhaita bonne chance.

Le pont de Kehl ayant été détruit par les Allemands, lors de leur retraite, nous franchîmes le Rhin, le 18 avril 1945, à bord de canots pneumatiques, douze hommes par bateau. De rares avions allemands, apparaissant dans le ciel, furent vite dissuadés de nuire par les chasseurs américains. Nous débarquâmes et entrâmes au pays de la barbarie, gonflés à bloc.

Le 21 avril les troupes soviétiques entraient à Berlin. Le 25 avril elles firent leur jonction avec les Américains, à Torgau, sur l'Elbe.

Notre ration de schnaps avait doublé. Nous progressions en terre allemande, derrière des chars *Sherman*, des mastodontes d'acier qui protégeaient notre progression. La Wehrmacht, en pleine déroute, continuait de battre en retraite sur tous les fronts. Mais en se retirant de leurs positions du Rhin les Allemands nous prirent en tenailles à Donaueschingen.

Nous étions encerclés. La situation était difficile. Nous nous battions furieusement. Il nous fallut opérer une brèche dans les rangs allemands pour nous dégager. Mes tirs rapprochés de mortier faisaient mouche et causaient d'importants dégâts à l'ennemi. Bien qu'en plus grand nombre, les Allemands se rendirent à notre Unité. Pour la première fois, j'eus l'opportunité de voir les hommes, prétendument de la race supérieure, dans un état pitoyable, abattus, hagards, piteusement harnachés, craignant pour leur sort. Leur pays n'était plus qu'un amas de ruines, détruit par les B52, les bombardiers américains. C'était le crépuscule des dieux nazis.

Bien qu'ils fussent des criminels, dénués de tout sens d'humanité, nous les traitions convenablement, respectant les lois de la guerre qu'eux avaient méprisées. Nous n'étions pas assez nombreux pour encadrer tous ces prisonniers ; nous les remîmes aux sections qui nous rejoignirent.

Nous entrâmes en *Schwarzwald*, en Forêt Noire, qui mérite bien son nom. Des camions nous déposèrent en sentinelles, très espacées les unes des autres, dans cette forêt sombre et lugubre. Je n'étais pas très rassuré ; mille et un bruits me faisait sursauter. Dans la nuit noire, je surpris des ombres. Armé d'une carabine, je braquai mon arme en demandant le mot de passe convenu. Des civils allemands qui traversaient la forêt, vieillards, femmes et enfants, me supplièrent de ne pas tirer : c'était des réfugiés, sans abri, leurs maisons ayant été détruites par les bombardements. Ils erraient sans but précis. Ils étaient affamés et mendiaient la nourriture. Ces pauvres bougres m'expliquèrent qu'ils avaient tout perdu et qu'ils avaient faim. Ayant appris quelques bribes d'Allemand, dans un petit dictionnaire, que m'avait offert ma 'connaissance' alsacienne, je compris, à demi-mot, ce qu'ils essayaient de me dire. Ils affirmaient n'avoir jamais été nazis, ni fait de mal à personne, ni être au courant des exactions allemandes, des crimes perpétrés en Europe occupée, surtout pas de l'extermination des Juifs. Ils maudirent leur führer, coupable de les avoir menés à la catastrophe. Ils crièrent : « *Hitler kaputt !* Mort à Hitler ! », après avoir vendu leur âme au diable et avoir longtemps vociféré : « *Juden kaputt !* Mort aux Juifs ! » J'éprouvai de la compassion pour les enfants terrorisés. Je restai tout de même prudent. J'esquissai un sourire pour les rassurer. Je gardai en joue les adultes, en attendant qu'on vienne me relever.

Quelques heures près avoir été remplacé, je repris un nouveau tour de faction, en ce même lieu sinistre. Je distinguai, cette fois, un froissement

173

de feuillage au-dessus de ma tête. Je pointai ma carabine dans cette direction, prêt à tirer. J'aperçus une forme humaine, perchée en haut d'un arbre ; c'était un jeune adolescent, âgé d'à peine treize ou quatorze ans, qui descendit précipitamment en pleurnichant et en me suppliant de ne pas le tuer. Hitler, le maudit, avait mobilisé tous les enfants et tous les vieillards dans la *Volksturm*, l'armée du peuple, pour nous opposer une dernière résistance. Nous avions été mis en garde contre ces combattants camouflés. Je mis en joue mon jeune ennemi qui n'avait heureusement pas d'arme à feu. Il s'empressa de déposer à mes pieds deux armes blanches, une de la Jeunesse hitlérienne, à croix gammée incrustée sur le manche et l'autre, un couteau de chasseur fait d'une lame insérée dans une corne de biche. Je m'emparai de ces armes que j'ai gardées et ramenées à la maison, mon trophée de guerre.

Nous progressions avec les Américains, eux devant nous derrière. Le 29 avril 1945, nous arrivâmes dans la ville de Dachau - premier camp de concentration construit en Allemagne nazie, en 1931 - que les GI de la 42e Division d'infanterie venaient de libérer.

Un officier yankee vint demander à nos supérieurs la permission de nous faire visiter le camp « *afin qu'il y ait des témoins visuels de la réalité des camps d'extermination.* » Il nous était interdit de photographier.

Dans les sinistres baraquements du camp, ce fut une véritable vision cauchemardesque qui se présenta à nos yeux et qui m'accompagnera jusqu'à la fin de mes jours : des images insoutenables de morts-vivants, de zombies au crâne rasé, décharnés, édentés, vêtus d'un sale pyjama rayé, chaussés de galoches en bois, se tenant péniblement debout ou se mouvant avec peine. Des yeux morts, vitreux, enfoncés dans leurs orbites, nous fixaient, hallucinés, incrédules. Quelle désespérance dans ces regards ! Nous apercevions, allongés sur des châlits, des cadavres et des moribonds agonisant. Une atmosphère pestilentielle, une puanteur insoutenable de charnier, nous prit à la gorge. Des infirmiers américains aspergeaient ces pitoyables loques humaines, de poudre de DTT, pour une désinfection, une épidémie de typhus ayant sévi dans le camp. Mon émotion était tellement forte que je ressentis comme un violent coup porté à l'estomac. J'avais la nausée.

On nous recommanda de ne pas donner de la nourriture aux survivants ; elle risquerait de provoquer un accident de santé, leurs organes digestifs ne pouvant supporter brutalement, un changement radical de régime alimentaire. En nous entendant parler Français un squelette, chancelant, demanda, dans un murmure à peine audible, si, parmi nous, il y avait des Juifs pouvant réciter un kaddish à la mémoire des morts du camp, pour assurer le repos de leur âme. Dans sa situation il avait su garder une foi inébranlable. J'étais le seul Juif dans ma section, entouré de tirailleurs algériens, hostiles généralement aux Juifs. Pendant les dures heures de combat, je craignais moins les balles allemandes, qu'une balle tirée dans mon dos.

Le cœur serré, l'estomac noué, dans une profonde tristesse, les yeux embués de larmes, je m'approchai du squelette virtuel - qui ne devait pas peser plus de trente kilos - et lui dis mon regret qu'il n'y ait pas la présence d'un *minian*, dix hommes juifs, dans notre groupe. Je lui promis de faire dire, à la première occasion, une *achkavah*, la prière pour le repos des âmes, de tous les morts du camp. Il me remercia avec effusion.

J'ai tenu parole. Je participe régulièrement à toutes les commémorations de la déportation. J'accomplis mon devoir de mémoire, en souvenir de tous ces martyrs et, en particulier, de ce jeune déporté, un Juif français anonyme de Dachau, dont je revois toujours le visage parcheminé et qui n'a sûrement pas dû survivre longtemps à notre visite. J'apporte mon témoignage, en toutes circonstances, « *pour que les victimes de la barbarie nazie ne soient pas tuées une nouvelle fois par l'oubli.* » (Elie Wiesel)

Il faut rendre hommage à Serge Klarsfeld pour son engagement total, sur le terrain, à faire connaître la vérité historique de la Shoah et pour son combat contre l'oubli.

Ce qu'ont été la vie et la mort dans ces camps dépasse l'entendement humain. Les témoignages émouvants des déportés survivants, marqués *in vivo* par la dure réalité de la Shoah, ne peuvent traduire un vécu si horrible. Ma vision directe, flagrante, des lieux de l'épouvante et des morts-vivants, même si elle a été furtive, m'a laissé un profond traumatisme qui me poursuit encore aujourd'hui.

Même à l'heure de la défaite, les nazis n'ont pas renoncé à leur œuvre de mort, obligeant les derniers survivants à se rendre, d'Auschwitz à Buchenwald, en marche forcée, baptisée *la marche de la mort*, abattant sur le chemin les traînards et tous ceux qui, à bout de souffle et de forces, s'écroulaient. Comme Amalek s'abattit sur les traînards dans le désert, après la sortie des Hébreux d'Egypte. L'Armée Rouge a trouvé le camp d'Auschwitz, libéré le 27 janvier 1945, à peu près vide. Les Alliés n'ont, à aucun moment, jugé indispensable de détruire ce camp de la mort.

Nous évacuâmes le lieu maudit. Pas le temps de s'attarder. Il fallait poursuivre le combat jusqu'à la victoire finale. Nous continuâmes notre marche le long du Lac de Constance puis, quittant la Bavière, nous entrâmes en Autriche, le 1ᵉʳ mai 1945 et prîmes Innsbruck. Nous ne rencontrâmes pas de résistance.

La nouvelle de l'armistice du 8 mai 1945 nous parvint au Tyrol. Ce fut l'allégresse générale. On se congratule, on s'enlace, on s'embrasse. Moi, depuis la vision dantesque du camp de Dachau, je n'ai vraiment pas le cœur à la joie. Je me sens oppressé, empli d'une profonde tristesse. J'ai la *rabia*, la rage, au ventre.

Le jour de l'armistice fut endeuillé par un accident stupide qui coûta la vie à deux jeunes FFI, deux potes très unis. En nettoyant son arme l'un d'eux tira involontairement sur l'autre. Désespéré d'avoir ôté la vie à son ami, l'auteur du tir involontaire retourna l'arme contre lui et mit fin à ses jours. Cruel destin !

Commença l'occupation de l'Autriche. Nous nous installâmes à Kirchbichl, un village de montagne dans la région du Vorarlberg. Le Tyrol était zone d'occupation française ; la Bavière était occupée par les Américains.

On demanda un militaire sachant parler l'Anglais pour servir d'agent de liaison avec les GI américains. Ayant quelques notions d'Anglais je me présentai et fus chargé de cette mission. Or, si je me débrouillais assez bien en Anglais, le parler yankee, prononcé avec un accent bizarre en mâchouillant du chewing-gum, m'était totalement incompréhensible. Je m'en tirai en demandant à mes interlocuteurs de communiquer par écrit. Ce rôle d'interprète me valut d'être dispensé d'exercice et d'être affecté à la cuisine. Un matin, l'intendant m'apporta un sac de pâtes, à préparer pour le déjeuner. Je n'avais jamais cuisiné de ma vie. Je remplis un chaudron d'eau du robinet et j'y versai consciencieusement les pâtes. Au bout d'un moment, je réalisai que mes pâtes étaient agglutinées et formaient un magma impossible. Il aurait fallu verser les pâtes dans l'eau préalablement chauffée, ce que j'ignorais. J'étais dans le pétrin. Affolé je me rendis à la ferme la plus proche et demandai plusieurs dizaines d'œufs et un sac de pommes de terre, que la fermière allemande me remit sans grâce. A notre tour nous étions l'occupant. Je me fis aider pour éplucher et couper les patates et pour casser les œufs. Je réussis ainsi la plus belle omelette aux pommes qu'on ait jamais vue.

Pendant ces trois mois passés au Tyrol, je me refis une santé. Grâce à une cure de lait et de fromage, produits de la ferme, et sous l'effet de l'air vivifiant et tonique de la montagne, je repris des forces, je fus requinqué, ragaillardi. J'avais le visage hâlé des montagnards. Je savourais la paix. Pour comble de bonheur, je revis mon cousin Albert, toujours à ma recherche. Pendant le week-end, nous fîmes du tourisme ; nous visitâmes Kufstein, Innsbruck et les bords du merveilleux Lac de Constance, d'une beauté à couper le souffle. Je regrette de n'avoir pas pu visiter Munich et Vienne, la capitale de l'Autriche. Nous nous quittâmes avec la promesse de nous revoir.

Albert, « *Zikhrono lé brakha*, Bénie soit sa mémoire ! », était un vrai séducteur, très beau, très courtisé. Nous étions très liés ; il était pour moi un grand frère. Il se montrait toujours affectueux et protecteur. Il me confiait parfois ses regrets de ne pas avoir été doué pour les études et m'encourageait à poursuivre les miennes. Au retour du front et rendu à la vie civile, il se fit une excellente situation. Son père, l'oncle Salvator lui apporta le soutien financier qui lui permit d'agencer un très beau studio, à l'enseigne de

Photo Etoile, rue des Maltais. Excellent professionnel, il était réputé pour les photos sportives et hippiques qu'il prenait, tous les dimanches, sur les stades de foot ou sur l'hippodrome de Kassar Saïd. Ces photos étaient très prisées des supporters des équipes de football et des turfistes, qui se pressaient dans son studio, dès le lundi matin.

Il avait rencontré Jeanine, dont il était tombé amoureux, pendant son service militaire, en Algérie. De retour à la vie civile, il l'épousa. Le couple logeait avenue de Madrid, à Tunis. Nous sortions souvent ensemble, Jeanine, Albert, Dina et moi. Ils eurent trois enfants : Lynda, Serge et Doris. Voulant se rapprocher de ses parents, petits bourgeois, propriétaires d'une fabrique de meubles, Jeanine, qui était leur fille unique, réussit à persuader son époux de quitter Tunis pour Alger. En pleine période de soulèvement des Algériens pour leur indépendance, le moment était vraiment mal choisi. Albert venait à peine d'inaugurer son nouveau studio, qu'un terroriste algérien entrait et lui tirait avec son revolver, à bout portant, huit balles au foie. Le malheureux succomba à ses blessures, à l'hôpital, quarante-huit heures après son assassinat. Le déménagement lui a été fatal. Ainsi, après avoir échappé aux bombes et frôlé la mort, d'abord lors de l'occupation allemande de la Tunisie, puis en combattant les nazis en France et en Allemagne, un terroriste algérien lui aura ôté la vie. Il laissait, à l'âge de quarante ans, une veuve et trois jeunes orphelins qui se sont installés à Marseille, à la fin de la guerre d'Algérie. Je les ai perdus de vue, à mon grand regret.

Toute la famille a été ébranlée par ce drame. J'ai été particulièrement affecté par sa disparition, une douloureuse épreuve qui m'a privé de mon *malogrado* (dont la vie a été brisée) grand frère.

Au milieu de mon séjour au Tyrol, je fus désigné pour participer à la grande parade de la Victoire et défiler sur les Champs-Elysées. Transportés par camions, mes camarades et moi sommes arrivés à Paris la veille du défilé et installés dans une école, du côté de la Porte de Clignancourt. Nous fûmes réveillés à quatre heures du matin et partîmes à jeun en direction de la Place de l'Etoile. Des troupes de tous les corps d'armée, de toutes les nations alliées, étaient amassées le long des avenues entourant l'Arc de Triomphe et attendaient, l'arme au pied, le signal du départ. Après des heures interminables, en station debout, le défilé s'ébranla sous un soleil de plomb. Nous marchions en rangs serrés par seize, vêtus de notre vareuse de laine, portant le fusil sur l'épaule, le casque enfoncé sur la tête. Difficile de garder la cadence en suivant les rythmes, non synchronisés, des différentes fanfares militaires qui interprétaient chacune sa musique. Arrivés devant la tribune officielle, où tout le gotha était installé : le général de Gaulle, Winston Churchill, le roi du Maroc Mohamed V, les généraux alliés et l'ensemble des hautes personnalités, de toutes nationalités, venues ce jour-là célébrer, en totale communion, la victoire sur les nazis. Nous les saluâmes d'un fier et impeccable *tête droite* prolongé, qui allait me valoir un douloureux torticolis. Après le défilé, un repas copieux nous fut servi dans les jardins de l'Elysée : omelette, salade d'endives, fromage, fruits, café, sorbet. Le vin, dont je ne buvais pas, était servi à volonté.

Nous eûmes deux jours de permission. Je flânai le long des rues de Paris, en premier lieu le Quartier latin. J'étais avide de connaître tous les lieux historiques et d'engranger le maximum de souvenirs de Lutèce. En une journée, je visitai la Tour Eiffel, les Tuileries, les Invalides, la Place de la Concorde, le Louvre, les parcs et jardins, les bois de Boulogne et de Vincennes. Je fus frappé par l'abondance des statues. Je baguenaudai le long des berges de la Seine, qui me rappelait mon lointain cours de géographie : « *La Seine prend sa source sur le plateau de Langres et se jette dans la Manche par l'estuaire*

183

du Havre. » Je m'attardai devant les bouquinistes. J'errai longtemps sans voir passer le temps, si bien que le soir je ratai dernier métro pour regagner la Porte de Clignancourt. Je refis tout le chemin à pied. J'arrivai exténué à l'école.

Le lendemain je pris la précaution de ne pas trop m'éloigner de mon lieu d'hébergement et ne pas tarder à rentrer. Je visitai les quartiers de Pigalle, Montmartre, ayant en mémoire la bohème parisienne et les peintres de la fameuse Ecole de Paris, que je connaissais un peu par mes lectures : Chagall, Pascin, Picasso, Soutine, Kikoïne, Michonze, Modigliani.

De retour au Tyrol, je me laissai vivre, attendant avec impatience le jour de ma démobilisation. Je célébrai mon vingtième anniversaire (vingt ans, le bel âge) tout seul, privé de l'affection des miens. Je fus informé par mon chef de section que j'étais distingué pour une citation à l'ordre du Régiment avec remise de la Croix de guerre. Je le valais bien. Je pensais l'avoir méritée. Quelques semaines après cette information, le capitaine Godard, chef de ma compagnie, me convoqua et me laissa entendre que, le quota de décorations étant limité, la priorité serait accordée aux soldats engagés volontaires pour le Corps Expéditionnaire Français en

184

Indochine. Il m'invita, avec insistance, à m'engager « *pour conserver cette colonie à la France.* » Chantage indigne, marchandage écœurant ; j'éprouvai un sentiment de colère et de dégoût. Je n'avais pas envie de jouer les prolongations. Je n'aspirais qu'à rentrer à la maison. De plus, je n'avais aucune raison d'aller me battre contre les Vietnamiens. Ce n'était pas des nazis ; ils ne nourrissaient pas un racisme paroxystique à l'égard des Juifs. Si j'étais prêt à sacrifier ma vie pour libérer mon pays, je refusais de m'engager et offrir ma vie pour une cause qui m'était étrangère, une guerre colonialiste. J'étais un patriote, pas un mercenaire.

C'est ainsi que la proposition de Citation à l'ordre du Régiment, qui m'était destinée, me passa sous le nez. Le capitaine n'avait pas « *à son grand regret* » jugé bon de transmettre à la haute hiérarchie, pour homologation, la proposition, dont le texte suivant m'avait été précédemment communiqué par son secrétaire :

« *Jeune soldat, plein de courage et de sang-froid, a fait preuve de ses grandes qualités dans différente opérations, toujours volontaire pour des missions périlleuses, notamment dans le secteur de Donaueschingen où assurant les fonctions de pointeur au mortier de 60 a réussi, par son tir précis, le 25 avril 1945, à écarter la menace d'encerclement de sa section.* »

Comble d'ironie, je fus appelé à remplir les diplômes décernés aux décorés, en calligraphiant leurs noms, en caractères gothiques, à la plume de ronde et à l'encre de Chine, en m'appliquant à bien tracer les jambages des lettrines et en évitant les bavures d'encre.

Je ne regrette pas d'avoir refusé de partir pour l'Indochine. Au diable les décorations ! Des camarades décorés laisseront leur vie en Indochine. Je pense tout particulièrement à mon ami Marchand, qui acceptera de s'engager et sera tué au loin, tombé au champ d'honneur pour la France, dans une guerre colonialiste. Mon malheureux camarade a eu droit à une nouvelle décoration : une croix de bois sur sa tombe.

Il avait bénéficié, avant son embarquement pour l'Indochine, d'une permission de quelques semaines pour aller retrouver sa famille à Tunis. Il a eu la gentillesse d'aller rendre visite à mes parents pour leur donner de mes nouvelles et les rassurer sur mon état de santé.

Le 13 septembre 1945 notre régiment quittait l'Autriche, retraversait le Rhin par le pont de Kehl, retournait en France et s'installait en garnison à Riom, dans le Puy-de-Dôme. J'allais y rester quatre longs mois, le temps de parfaire mes deux années de service.

Un contingent de jeunes recrues corses était arrivé dans notre unité. Nous, *les vétérans*, étions chargés de leur instruction. Je constatais, à ma grande surprise, que la plupart de ces Corses ombrageux, des péquenauds mal dégrossis, ne parlaient pas Français, mais une sorte de patois proche de l'Italien. Ils étaient différents des Corses, généralement fonctionnaires, que j'avais connus à Tunis. On me proposa de suivre un peloton d'élèves-caporaux. Or je n'aspirais qu'à tirer ces quatre mois le plus tranquillement possible, rentrer à la maison et me ressourcer au sein de la famille qui m'avait tellement manqué. Je déclinai donc la proposition, ce qui me valut la rancune et l'inimitié de mon chef de section. Je fus alors désigné pour monter régulièrement la garde de la prison de Riom, où auparavant étaient enfermés Jean Zay, le plus jeune ministre de l'Education nationale et Georges Mandel, le chef de cabinet de Georges Clémenceau. Tous deux juifs, ils avaient été, assassinés par la police de Vichy. L'ancien premier-ministre Léon Blum y avait été également emprisonné - avant d'être déporté à Buchenwald d'avril 1943 à avril 1945 - en même temps que d'autres personnalités de la troisième République. On y avait incarcéré, à leur place, des Collaborateurs du régime de Vichy.

A Riom je refis l'apprentissage de la vie civile. J'avais un fort appétit de vivre. J'avais du bon temps à rattraper. Je me rendais tous les weekends, quand je n'étais pas de garde, à la Salle des fêtes de la Ville. Je pris goût à l'ambiance des bals-musettes. J'appris à danser, grâce à ma jolie et séduisante cavalière, danseuse émérite, qui m'initia à la java, la polka et la valse. Je devins un *aficionado* des danses latines au son de l'accordéon : le tango, le paso-doble, le cha-cha-cha, la rumba, la samba. Le charleston, le fox-trot, le swing, le slow et le lambeth-walk, introduit par les Anglo-américains, n'avaient plus de secrets pour moi.

Au petit matin, nous nous séparions et, sur le chemin du retour vers la caserne, j'entrais, affamé, dans une boulangerie où j'achetais une baguette, juste sortie du four, croustillante à souhait, que je dévorais entièrement comme une friandise. Je n'ai plus retrouvé la saveur de ce pain-là.

Le dimanche après-midi, nous allions, en balade sentimentale, visiter les alentours, les volcans et les lacs d'Auvergne. Ma compagne était une belle gosse pas très futée. Nous nous sommes fréquentés durant tout mon séjour à Riom. De retour au pays, je n'ai pas renoué le contact avec ce premier flirt. Relation sans lendemain. Elle était le repos du guerrier, pas le grand amour de ma vie.

Je fus libéré le 20 janvier 1946. Je me rendis illico presto à Marseille pour prendre un transport à destination de Tunis. Plusieurs jours passaient, sans bateau à destination du port de Tunis. Las d'attendre je décidai d'embarquer, le 26 janvier, sur un Liberty ship de l'armée américaine qui levait l'ancre pour Oran où je débarquais le 28. Après un tour en ville, je pris le train pour Alger la blanche. J'y passai une journée. Le soir, je pris le train pour Tunis, le lendemain j'étais de retour chez moi.

Je n'avais pas eu la possibilité d'annoncer mon arrivée à mes parents, aussi la surprise a-t-elle été totale. Je ne vous décrirai pas la réception émouvante et enthousiaste de tout mon entourage, les explosions de joie et d'allégresse, les youyous de mes voisines : Mraïma, Joulie et Rouichla et les embrassades de mes amis Bouahsira et Amouyal. Un moment fort de bonheur. Enfin, je retrouvais les miens et la douceur du foyer familial.

Je fus officiellement démobilisé le 18 février 1946. Je rendis mon paquetage et reçus mon Certificat de Bonne Conduite ainsi qu'un petit pécule, ridicule. Mais, à peine eus-je le temps de décompresser que je sentis le poids des responsabilités qui allaient m'incomber.

Chapitre trois

Après un périple de vingt-quatre mois dans l'armée, je devais réapprendre à vivre dans le civil. Je commençais à me poser des questions cruciales sur mon avenir. Je pensais amèrement à tout ce que j'aurais pu faire si j'avais eu une jeunesse normale. Je n'avais pas connu la merveilleuse insouciance de la jeunesse. J'avais des rêves plein la tête. Par mon milieu social, j'étais destiné à devenir ouvrier, travailleur en usine. Or, j'avais d'autres ambitions, je voulais sortir de ce milieu. J'avais la rage de réussir une vie meilleure que celle de mes parents. Ma seule expérience professionnelle étant la photographie, j'aurais bien aimé ouvrir un studio comme celui de mon cousin Albert, mais ce rêve était pour moi inaccessible. Ne disposant pas des fonds nécessaires, je ne devais pas trop y compter. Mon paternel, panier percé, n'a jamais eu le sens de l'épargne, ni le sens des responsabilités ; il ne pouvait m'être d'aucune aide. Nos rapports étaient d'ailleurs devenus de plus en plus houleux.

Pendant mon absence, mon père n'avait hélas pas fait fortune, bien au contraire. Il avait été atteint d'une maladie des bronches, affection sérieuse due à sa tabagie. Après mon départ à la guerre, mon frère Michel, qui avait quitté l'école en

191

fin de CM1, avait pris le relais dans l'exercice du métier de photographe ambulant, pour assurer la subsistance de la famille qui se trouvait dans le dénuement le plus complet ; ses revenus ne suffisaient pas à payer la nourriture et le loyer, sans compter les soins médicaux onéreux de mon père. Mais Michel ne voulait plus être photographe ambulant. Il aspirait à rejoindre les Juifs qui se battaient pour la restauration de l'Etat d'Israël ; il voulait faire son *alyah*.

J'avais d'autres ambitions que de reprendre le métier de photographe. Je devais avant tout combler mon déficit d'instruction. Ayant quitté l'école trop tôt, par la faute de l'Etat français et du Statut des Juifs, je n'avais pas eu le temps de me forger une vraie culture. J'avais soif d'apprendre. Je m'inscrivis donc à l'Ecole de Commerce de la rue de Marseille, en cours du soir, pour apprendre la comptabilité et espérer, grâce à cette formation, trouver du travail dans un cabinet comptable ou dans une banque. En même temps, je voulais tenter de passer les concours pour entrer dans l'Administration. Ma mère, attirée sans doute par le prestige de l'uniforme et de l'autorité attachée à la fonction d'agent de la force publique, me suggère d'entrer dans la police : idée saugrenue !

Répondant à une annonce relevée dans la *Dépêche Tunisienne,* je postulai pour un emploi de commis dans l'Administration des Postes, Télégraphe, Téléphone (PTT), un emploi réservé aux Anciens Combattants, gage d'une bonne situation. Je fus refusé au motif incroyable que j'étais encore mineur, l'âge de la majorité civile étant alors fixé à vingt et un ans. Ainsi, j'étais adulte, à dix-huit ans, pour aller au casse-pipe, mais encore mineur pour avoir le droit de travailler dans l'Administration.

En désespoir de cause et en attendant de devenir majeur, je pris mon mal en patience et repris, bon gré mal gré, le métier de photographe ambulant que je trouvais dévalorisant. Il n'y a peut-être pas de sot métier, mais je ne voulais plus de ce métier-là. Mon ambition était toute autre. J'envisageais une profession *plus honorable*. Je voulais entrer dans la bonne société. Je rêvais d'ascension sociale, d'accession à un appartement convenable pour ma famille, qui demeurait toujours dans le deux-pièces de la Hara.

Tout en exerçant la photo, je continuais à chercher un travail salarié. Je commençais à ronger mon frein. Suite à la parution, dans le même quotidien, d'une annonce publiée par une petite société industrielle de la Métropole, je postulai pour un poste de représentant en produits électriques, à Tunis. Je reçus une réponse positive et un colis contenant vingt-cinq petits transformateurs avec leur notice descriptive. Etant novice dans ce domaine, j'appris par cœur toutes les caractéristiques techniques, portées sur la fiche du produit et me présentai, gonflé à bloc, devant le directeur des achats du magasin Monoprix de la Rue d'Italie, qui me reçut avec courtoisie. Il me posa une série de questions d'ordre technique sur le transformateur auxquelles je ne sus naturellement pas répondre. Le directeur se leva et me dit, d'un ton paternaliste : « *Jeune homme, vous repasserez quand vous connaîtrez à fond le produit que vous avez pour mission de vendre* », puis il me donna congé. Je retirai une bonne leçon de cette fâcheuse aventure : ne jamais s'engager sans avoir une parfaite maîtrise de son sujet.

Agé de vingt et un ans, devenu par conséquent majeur, je présentai ma candidature à la Direction des Travaux Publics pour un poste d'aide-comptable. Je fus convoqué avec un autre candidat. Ensemble nous passâmes un examen-bidon. Le soi-disant surveillant nous remit les énoncés de deux problèmes d'arithmétiques faciles et nous laissa seuls dans une salle où nous échangeâmes librement nos solutions.

En fait nous étions acceptés, par avance, sur le seul critère de nos noms qui sentaient bon l'origine *Français de souche*. Des amis, anciens combattants juifs français, qui avaient postulé pour le même emploi, avaient reçu une réponse négative, sans même avoir été invités à passer le concours. Ils portaient des noms pas très catholiques. L'Administration avec un grand A, comme les grandes entreprises françaises, pratiquaient alors la discrimination à l'embauche. On ne recrutait pas de Juifs dans la fonction publique. Seuls trois Services : les Postes, Télégrammes et Téléphones (PTT), la Compagnie des Transports et de l'Electricité de Tunis (CTET) et les Chemins de Fer Tunisiens (CFT), durent, sans gaieté de cœur, mais par besoin de personnel, recruter des Juifs de nationalité tunisienne, les seuls employés disponibles sur le marché avec les Italiens et les Maltais, en l'absence des Français mobilisés. C'est ainsi que de nombreux anciens camarades de classe de l'Alliance Israélite Universelle, très appréciés professionnellement, y furent recrutés.

Je fus donc engagé à la Direction des Travaux Publics et affecté à la Subdivision du Matériel Marin, située à La Goulette Vieille. Ce Service, qui compte environ trois cents employés, a la gestion d'une entreprise de constructions navales et de réparations de bateaux de moyenne importance. Ma fonction d'Agent liquidateur comptable consistait à contrôler le budget alloué à la subdivision. J'étais préposé à la vérification des imputations des dépenses, la comptabilisation des factures et des états de main-d'œuvre, l'élaboration des coûts pour chaque chantier. J'ai commencé à exister. Ce poste a été le point de départ de ma carrière de rond-de-cuir.

Mon responsable direct, M. Emile Bories, commis principal, appréciait mon assimilation rapide des tâches, ma rigueur, ma conscience professionnelle, mon perfectionnisme et mes suggestions créatives pour améliorer l'efficacité du travail. J'étais un bourreau de travail, un bosseur infatigable, perfectionniste. Un peu trop zélé, sans doute. J'appris vite *la cuisine* de la Comptabilité administrative et de la gestion du budget. Je relevais, avec indignation, la gabegie et les scandales qui s'y rattachaient. Ainsi, lorsque, à l'approche d'une fin d'exercice, on constatait une soulte sur le budget initialement accordé, le montant du reliquat non consommé n'était pas reporté sur l'exercice suivant ; on le dépensait, le gaspillait, pour arriver au solde égal à zéro. Il fallait, à tout prix, éviter de faire apparaître une surestimation des prévisions budgétisées. Par contre, si en cours d'exercice, le budget prévu, mal évalué au départ, s'avérait insuffisant, une rallonge budgétaire était demandée et généralement accordée.

Je découvrais également, à cette occasion, l'usage des *abus de biens sociaux*, délit puni par la loi : Ingénieurs et contremaîtres de tous niveaux, profitaient couramment et amplement, de la main-d'œuvre et des matériaux du Service, pour se faire construire ou réparer leurs villas personnelles.

A la Direction des Travaux Publics, j'avais le statut d'agent contractuel, mon contrat pouvant être renouvelable tous les six mois. J'attendais mon changement de situation depuis quatre ans. M. Bories, qui tenait à me garder dans son service, était intervenu, à diverses reprises, en faveur de ma titularisation. Le collègue qui avait été recruté le même jour que moi, avait été titularisé au bout d'un an de service. Mon statut dépendait de la haute hiérarchie qui ne jugeait toujours pas utile de me titulariser. Il est vrai qu'entre temps j'avais eu à décliner mon identité juive, quand, à l'occasion des fêtes de *Rosh Hachana* et de *Yom Kippour* j'avais demandé des jours de congé. Je suis resté contractuel, du 1er décembre 1946 au 31 décembre 1950, date à laquelle je dus remettre ma démission, au grand regret de mon supérieur hiérarchique. C'est ainsi que je mis fin à ma carrière de fonctionnaire, rond de cuir.

J'ai toujours affirmé mon identité juive et mes convictions religieuses. Je suis, comme disait

Emmanuel Levinas, « *irrémissiblement rivé à mon judaïsme.* » J'avais l'innocence de croire, qu'après le cataclysme d'une époque barbare, le monde, qui avait découvert l'hécatombe de vies humaines victimes du nazisme, allait être meilleur. Il n'en était rien. Le virus de l'antisémitisme n'était qu'assoupi ; à la première crise économique il était prêt à resurgir. C'est pourquoi je décidai de m'engager et de m'impliquer personnellement pour combattre ce virus. Je rencontrai Maître Paul Ghez, un vétéran des deux guerres et notable très respecté dans la communauté juive et par les Autorités publiques. Je lui fis part de mon intention de fonder une association regroupant les anciens combattants juifs de Tunisie, et qui serait affiliée à l'Association Française des Anciens combattants et Volontaires Juifs, présidée dans la Métropole par M. Jacques Orfus avec qui j'avais pris contact. Sur mon insistance, Maître Paul Ghez accepta de présider cette association. Nous tînmes une première réunion avec une dizaine d'adhérents dont j'avais adressé la liste à Paris. Cette liste a été rapidement réduite à sa plus simple expression après la *alyah* de la plupart de ses membres.

Une aventure amusante, si non regrettable, qui m'est arrivé à cette époque-là illustre bien la persistance de l'antisémitisme, dans tous les milieux. En allant à mon travail, à la Goulette Vieille, j'avais remarqué *una bellissima ragazza*, une jolie brunette italienne, au regard aguichant qui, lorsque j'arrivais à hauteur de sa fenêtre du rez-de-chaussée, m'adressait le plus gracieux des sourires. A l'évidence je lui plaisais. Je répondais poliment à son sympathique sourire, sans aucune intention de la séduire. Ce petit manège dura un certain temps, sans que nous nous soyons adressé la parole. Un jour, alors que j'arpentais seul, sous les ficus, le terre-plein de l'Avenue Jules Ferry, je tombai nez à nez sur la belle. Etait-ce un hasard ? Je ne saurais le dire. Elle m'aborda avec un large sourire. Très sûre d'elle, elle me demanda, à brûle pourpoint :

- *Monsieur de quelle origine êtes-vous ?*

Je l'avais sentie venir. Je lui répondis :

- *Je suis français, mademoiselle, français de France.*

- *Oui, mais de quelle religion ?*

- *Vous voulez savoir si je suis catholique, n'est-ce pas ? Eh bien non, mille regrets ; je suis de religion juive. Ça vous pose-t-il un problème ?*

Frappée de stupeur, le visage piteusement décomposé, elle perdit le sourire ; le ciel lui était tombé sur la tête. Elle faisait peine à voir. Se retournant brusquement, la donzelle s'enfuit précipitamment, comme si le diable courait à ses trousses. Sans même un *arrivederci* poli. Sans doute nourrissait-elle de tendres sentiments à mon égard, mais, bonne catholique, bigote, elle ne pouvait envisager d'entretenir une relation avec un amant juif. Depuis ce jour, sa fenêtre est restée hermétiquement close. Peut-être m'épiait-elle, mélancolique, derrière les volets clos ?

La *émouna* (la foi) implique une adhésion forte et totale, morale et intellectuelle à ce que l'on croit. Quelque chose s'était brisé en moi. Maïmonide disait : « *Je doute de **D**. et j'y crois.* » Je me trouvais dans cette situation.

Ma découverte des atrocités de la Shoah, à travers ma visite furtive au camp de Dachau, ma lecture d'innombrables et émouvants témoignages des survivants des camps de la mort et les images bouleversantes des films sur la déportation, notamment *Nuit et brouillard*, d'Alain Resnais et, plus tard, *Shoah*, de Claude Lanzmann, m'ont longtemps hanté. Je n'arrêtais pas de me poser les sempiternelles interrogations, la question lancinante du pourquoi. J'avais besoin de savoir.

Voici quelques vers, tirés du poème que Voltaire avait dédié aux victimes du terrible tremblement de terre qui ravagea la ville de Lisbonne en 1755 :

> « *Quel crime, quelle faute ont commis ces enfants*
> *Sur le sein maternel écrasés et sanglants ?* »

Confronté à ces horreurs, j'avais envie de crier ma révolte. Je fis part de mon profond désarroi à de nombreux rabbins. Aucun n'apporta de réponses convaincantes à mes questions obsédantes. Ils se retranchèrent derrière des abstractions, des poncifs, tels que : « *Que sommes-nous pour juger* **D.** *?* ; **D.** *a Ses raisons, que ma raison à moi, simple mortel, ne doit pas chercher à connaître ; le commun des mortels n'a pas accès au secret divin ; on ne doit pas demander des comptes à* **D.** *;* **D.** *se situe au-delà de toutes perceptions humaines et rationnelles.* » Selon certains *Hakhamim*, des Sages d'Israël :

« *Dans un monde d'idolâtrie, de barbarie et de perversité,* **D.** *ne fait pas de détail ;* **Il** *détruit indifféremment justes et méchants.* »

Mais notre patriarche Abraham n'a t-il pas obtenu la promesse divine de sauver Sodome et Gomorrhe, s'il s'y trouvait ne serait-ce qu'un seul Juste ? Il est vrai que le peuple juif n'a pas, de nos jours, un nouvel Abraham pour intercéder en sa faveur.

Je suis néanmoins resté croyant, un *chomer chabbat,* sans être devenu un *harédi,* un Juif ultra-orthodoxe. Je continue à célébrer le *chabbat* et les fêtes juives ; j'observe strictement la *cacherouth,* à la maison comme à l'extérieur ; je ne mélange pas le lait et la viande ; je vais à la synagogue les vendredis, les samedis et les jours de fêtes. Je pratique la *tsédaka*. A chacun de mes voyages en Israël, je vais prier devant le *Kotel ha maaravi*, le Mur occidental - mal dit *Mur des Lamentations* - vestige du temple de Jérusalem. J'y dépose mon petit papier exprimant mes souhaits. Puis je me rends devant les autres lieux saints, de pèlerinage des Juifs : Safed, Méron, où repose Rabbi Shimon bar Yohaï, et Tibériade où est enterré Maïmonide. Je m'incline devant les tombes de ces Saints Hommes et leur adresse une prière fervente pour qu'ils intercèdent auprès du *T*out-*P*uissant en faveur du peuple juif et aident à l'avènement d'un monde meilleur. Mais, je dois avouer que certains rituels, édictés par les *rabbanim*, comme par exemple l'interdiction imposée de porter sur soi, le jour du *chabbat*, un mouchoir, un trousseau de clés ou une pièce d'identité, de prendre son bébé dans les bras, de s'abriter sous un parapluie, au moment d'une averse, ces interdictions me paraissent dépasser le *principe de précaution*, la haie instituée par nos maîtres, pour sauvegarder l'essentiel dans l'observance des *mitzvoth* : « *Assou siyag la Torah*, faites une haie autour de la *Torah*. » et ne rien enfreindre de ses Lois.

Trente-neuf activités sont interdites dans le *chabbat*, en rappel des trente-neuf travaux nécessaires à l'édification du *michkan*, le sanctuaire.

A ces *mitzvoth midéoraïta*, de la *Torah*, transmise par Moïse aux Hébreux, nos Sages ont institué de nouveaux interdits *midérabbanim*, des rabbins, des interdits en développement exponentiel. A quoi il faut ajouter les coutumes locales, les *minhaguim*, promulguées dans les différentes communautés juives du monde. La *Torah* ne prescrit-elle pas pourtant :

« *N'ajoutez rien et ne retranchez rien à ce que je prescris ?* » Allumer la lumière est-ce toucher le feu ? Comment, à *chabbat*, éviter d'enfreindre la *Halakha*, le recueil des lois qui règlent notre conduite religieuse, avec des fermetures électriques et électromagnétiques, imposées dans notre immeuble pour des raisons de sécurité ? Par quel moyen éviter l'allumage automatique des paliers lorsqu'un système radar est installé par la copropriété ? Comment ne pas emprunter l'ascenseur et monter plusieurs étages à pied, dans l'état déplorable de mes genoux qui me font souffrir, et être obligé de tâtonner dans le noir, le long des couloirs sombres, pour retrouver la porte de mon appartement ? Il m'est arrivé de frapper à la porte du voisin.

Je ressens une certaine irritation lorsque des religieux rejettent complètement la Science au nom de la *Torah*. C'est incompréhensible. Je pense que la science peut aider à comprendre la Loi.

D'autres sujets m'interpellent : au nom de la foi, certains religieux, à l'opposé des adeptes du Rav Kook, refusent l'existence de l'Etat juif et conspirent contre lui. Ils acceptent l'exil et la dispersion du peuple juif, jusqu'à l'arrivée du *Mashiah*. Cela m'attriste et me révolte. Un autre sujet m'embarrasse : la non reconnaissance, comme Juif, de l'enfant né de père juif et de mère non-juive, même si le père et le fils le désirent ardemment. Jusqu'à l'invasion romaine, le judaïsme passait pourtant par le père et non la mère. A cause des mariages exogamiques, de plus en plus nombreux, il y a de moins en moins de Juifs dans le monde. Les Juifs, à l'instar des pratiquants des autres cultes, traversent aujourd'hui une sérieuse crise de foi religieuse.

Je sens confusément que la Halakhah, qui signifie textuellement *la marche*, en hébreu, a besoin, au 21e siècle, d'un *aggiornamento*, pour tenir compte des changements sociologiques et des progrès scientifiques du monde moderne. Je sais que seul le *Sanhédrin*, l'ancien Conseil suprême du judaïsme présidé par le Grand-prêtre, disparu après la destruction du *Beit Hamidrache* en l'an 70, permettrait de concilier la foi et la raison. Mais en attendant ?

Pour en revenir à mon récit, à mon retour à la vie civile, j'ai rapidement pris conscience de mon grand déficit de savoir. J'ai ressenti mon manque d'instruction comme un lourd handicap. J'entamais donc ma *petite révolution culturelle*. Je me rendais quotidiennement à la bibliothèque du Souk-El-Attarine où, pendant des heures, je compulsais et ingurgitais un nombre important d'ouvrages, traitant des sujets les plus divers : la pensée juive, l'Histoire, la philosophie, les sciences humaines (sociologie, psychologie), l'économie, la politique. Je n'arrêtais pas de lire. Une véritable boulimie ! Je me nourrissais des livres. J'ai ainsi rattrapé un peu du temps perdu.

Au cours de ma scolarité, j'avais étudié les grands auteurs classiques français, je me mis à lire les écrivains contemporains, ainsi que les auteurs témoignant de la Shoah. J'étais curieux de tout, de littérature anglo-américaine, de *l'Ecole juive* de New-York, de littérature russe, mais aussi des auteurs de la collection *Le masque*, qui m'ont valu de petits frissons.

Je passai ensuite aux ouvrages de politique, notamment de Karl Marx et Friedrich Engels. La lecture du *Capital* et du *Manifeste du parti communiste* me captiva. Les concepts de suppression des classes sociales, d'égalité des chances pour tous, de redistribution des richesses, de lutte contre

205

l'inégalité des chances entre les jeunes, suivant l'origine et l'héritage culturel du milieu familial, d'association du peuple à la gestion du bien commun, résonnaient en moi. Ils correspondaient, intellectuellement, à mon idéal de justice sociale. Ces valeurs éthiques, que ma chère maman m'a transmises, rejoignent tout-à-fait les valeurs juives de *rahmanouth*, de miséricorde et de *tsédaka*, de justice et de réparation des inégalités. J'ai retenu une définition du socialisme, que je trouvais admirable, d'un penseur britannique, Herbert Spencer, qui écrivait : « *Le socialisme est la compréhension charitable de l'homme physiologiquement taré.* » Je me découvrais une sensibilité socialiste.

J'avais gardé en mémoire l'héroïsme prestigieux des soldats de l'Armée Rouge qui, pendant le siège de Stalingrad, avaient mené le combat décisif et contribué à la défaite de l'Allemagne nazie. Je n'oubliais pas que l'URSS était dans le camp des vainqueurs du nazisme. Après la guerre, tous les jeunes étaient attirés par le marxisme, qui jouissait d'un immense prestige. De plus, les rapports de la Russie avec l'Etat d'Israël étaient très bons.

J'assistai avec intérêt à quelques meetings d'une cellule communiste. Je chantai *l'Internationale*. Je dessinai sur papier Canson, grand format, les portraits, côte à côte, des deux célèbres

206

icônes soviétiques : Staline et Molotov. J'offris ce dessin à mon tailleur ami, Nathan Djaballi, sympathisant communard - dont je viens d'apprendre le décès, à Sarcelles - qui exposa mon *chef-d'œuvre* dans son atelier. Il y était encore affiché quand je quittai la Tunisie.

Toutefois je n'ai pas adhéré au Parti ; je refusais de me laisser embrigader. D'ailleurs le désenchantement est venu vite. Je m'aperçus que les communistes étaient idéologiquement antisionistes et antisémites. Les œuvres d'Arthur Koestler, d'André Gide et des dissidents russes dénonçant le joug stalinien, les purges, la torture, le *goulag*, et surtout *le procès des blouses blanches*, dont je suivais attentivement les péripéties dans *Les lettres françaises*, hebdomadaire communiste, et *La Terre Retrouvée*, le bimensuel de l'Organisation sioniste, auxquels j'étais abonné, me firent ouvrir les yeux. Je me distanciai définitivement du stalinisme qui avait perverti l'idéal socialiste utopique auquel je croyais, dans la candeur de mes vingt ans.

Je décidai finalement de militer dans le Mouvement sioniste. D'aussi loin que remontent mes souvenirs, je revois, à la maison, le légendaire tronc métallique bleu et blanc du *Keren Kayemeth Léisraël* (*KKL*), le Fonds pour le Relèvement d'Israël, qui trônait sur une étagère et dans lequel nous nous faisions un devoir de mettre les quelques piécettes que nous trouvions au fond de nos poches. L'amour d'Israël, la Terre Promise, était ancré dans nos cœurs. Nous avions toujours rêvé du *Retour à Sion*. La berceuse que me fredonnait ma maman, en me donnant le sein, *viva Palestina*, était chantée sur l'air de la *Hatikvah*, l'hymne national israélien, bien avant que l'Etat d'Israël ne fût créé. Je me souviens que mes parents accueillaient souvent un rabbin, venu de Jérusalem, pour collecter de l'argent pour les Juifs pauvres vivant en Terre Sainte. A l'instar de Rabbi Méir Baal Haness, faiseur de miracles, qui entreprenait, en son temps, des voyages afin de collecter des dons pour les pauvres d'Eretz Israël.

La littérature sioniste, largement diffusée par l'Agence Juive, me faisait vibrer. Je rêvais d'un Etat d'Israël où tous les hommes seraient libres et égaux et participeraient, dans l'unité, à l'édification de notre ancienne patrie. Une réalité m'était apparue évidente : des Juifs étaient en train de se battre pour vivre sur une terre juive indépendante, le futur Etat juif, où convergeaient nos espoirs entretenus depuis deux mille ans. Des résistants juifs organisaient l'immigration clandestine des rescapés de la Shoah en Palestine. Ils luttaient pour libérer le pays de la domination étrangère, de la perfide Albion. Les Anglais refusaient en effet de rendre la Terre Promise aux Juifs, comme ils s'y étaient engagés par la Déclaration Balfour et par la résolution de la Société des Nations (SDN) qui avaient placé la Palestine sous mandat britannique avec mission « *d'y fonder un foyer national pour le peuple juif* ». Des patriotes juifs étaient arrêtés, torturés et condamnés à être pendus après un simulacre de procès. Certains d'entre eux avaient appartenu à la Brigade Juive créée par Churchill, et avaient combattu sous l'uniforme de la 8ᵉ Armée britannique. A la libération de Tunis j'avais vu ces soldats juifs, sous l'uniforme britannique, portant, brodée sur leur épaulette, le mot PALESTINE.

Sous le commandement du général Koenig, ces héros s'étaient illustrés par leur vaillance au combat contre les Allemands en Libye, (à Tobrouk), en Italie et en Allemagne, alors que, pendant la guerre contre les nazis, les chefs nationalistes arabes, avec à leur tête le muphti de Jérusalem, Hadj Amin el Husseini, père spirituel d'Arafat, s'étaient ralliés à Hitler.

Le Mouvement sioniste était bien organisé à Tunis. Il était déjà divisé en partis idéologiques, à l'image des partis israéliens. J'avais l'embarras du choix. J'adhérai à *Torah Va Avoda*, un parti ouvrier religieux. Mordékhaï Cohen, avec qui je partageais l'idéal sioniste, ancré dans la Tradition, en était le responsable. Ce parti préconisait « *une moitié de temps au travail et l'autre moitié consacrée à l'étude de la Torah et à la pratique des mitzvoth.* » Nous approfondissions l'étude du Talmud et l'histoire du mouvement sioniste. Très vite nous nous assignâmes pour tâche d'organiser l'immigration clandestine vers Israël.

Habitant en plein quartier juif il m'était facile de recruter des volontaires. Des jeunes, animés d'une grande foi en *D.*, s'engageaient avec enthousiasme pour le retour à la Terre Sainte. Ils étaient majeurs et appartenaient, pour la plupart, à la classe sociale la plus défavorisée. Nous formions ces jeunes au Sionisme et les préparions à la *alyah*.

Mais j'étais loin d'imaginer que mon frère Michel, encore mineur, complotait son propre départ pour Israël. Après avoir falsifié la date de naissance sur sa carte d'identité, il mit son projet à exécution. Il prit toutefois la précaution de nous écrire une lettre, le jour-même de son embarquement, nous avisant de sa décision d'aller se battre en Israël. Sa lettre nous parvint pendant qu'il voguait sur la Méditerranée.

Ma mère était au désespoir ; après avoir vécu dans l'angoisse, durant les deux longues années où j'étais au front, elle était incapable de supporter cette nouvelle épreuve. Ayant personnellement connu les périls de la guerre, je ne souhaitais pas que mon jeune frère soit exposé au même danger. Nous nous rendîmes, ma mère et moi, au commissariat du port pour signaler le départ clandestin de Michel afin de le faire ramener à la maison.

Ce qui fut fait. Quarante huit heures après, nous nous présentions au débarcadère pour voir mon frère Michel descendre la passerelle du bateau qui le ramenait à son point de départ, menottes aux poings. Quel choc ! On lui retira les menottes et il nous fut rendu, fou de rage.

Lorsque Mordékhaï Cohen fit son *alyah*, le mouvement se délita, puis se dissout.

J'envisageai un moment d'adhérer au *Bétar*. Mais à l'époque, le *Bétar* n'était qu'un mouvement de scoutisme. J'avais des discussions passionnées avec des amis, qui avaient adhéré au *Dror*, affilié au Mouvement *Hachomer Hatsaïr*, lequel était proche du parti communiste. Nos points de vue divergeaient essentiellement sur la politique de l'URSS. Ils ne voulaient pas croire au goulag. « *Calomnies du monde capitaliste* », disaient-ils. L'*Hachomer* prônait l'athéisme, ce qui me décida à m'écarter définitivement de ce parti.

Je rejoignis finalement le groupe *Gordonia*, affilié au parti travailliste *MAPAÏ*. Il était dirigé, à Tunis, par maître Sauveur Baranes. Sous l'égide de ce mouvement, je me portai volontaire pour intégrer un des kibboutzim israéliens existants,

211

Dégania fondé, en 1909, par Aharon David Gordon sur les rives du lac de Tibériade, non pas dans l'idée d'y vivre à demeure, mais pour expérimenter in situ « *la vie en collectivité, la mise en commun et le partage des biens, à chacun selon ses besoins.* » Ma demande fut refusée. La raison ? Si je voulais vivre au kibboutz, je devais réunir des candidats pour en créer un nouveau. Des amis avaient peu auparavant fondé le kibboutz *Carmiel*. Je n'avais pas le cœur d'aller les rejoindre. J'avais déjà mangé de la vache enragée et je ne me sentais pas l'âme d'un *haloutznik*, d'un pionnier-paysan. J'étais un citadin, préférant résider à Jérusalem ou à Tel-Aviv.

Je n'étais pas le seul à ambitionner un départ pour Israël. Le Retour à Sion avait toujours été le rêve de mes parents. Le 8 mai 1948, l'Etat d'Israël étant créé et reconnu par la majorité des nations, leur rêve allait devenir réalité. Ce qui précipita le départ, ce fut la rencontre entre Michel et Vida, la sœur aînée de ma mère. A force de harcèlement, mes parents avaient fini par lui signer une autorisation de sortie de territoire. Dès son arrivée en Israël, Michel s'était mis en quête de notre tante Vida, nom d'épouse Messeri. Avait-elle quitté la Turquie ou était-elle restée au pays après le départ de mes parents ? Avait-elle immigré en Israël comme la majorité des Juifs turcs ? Nous n'en savions rien. Les sœurs n'avaient pas correspondu depuis leur séparation en 1924. Michel réussit localiser la famille Messeri. Lorsque notre tante Vida apprit que Michel était le fils de sa plus jeune sœur, son émotion fut intense. C'était, d'après Michel, une femme au grand cœur et d'une grande douceur. Elle accueillit mon frère avec chaleur et allégresse. Malheureusement je ne connaîtrais pas la tante Vida, trop tôt disparue. Je ne connaîtrais pas davantage mon oncle Avram, émigré en Argentine. A son grand désespoir, ma mère n'apprendra la mort de son frère que longtemps après son décès.

Après la rencontre entre mon frère et la tante Vida, une correspondance s'ensuivit entre les deux familles. Mon père écrivait ses lettres, en judéo-espagnol, en utilisant les caractères *Rachi*. Il recevait, en retour, le courrier écrit avec les mêmes caractères Rachi. Cette correspondance attisa le désir de mes parents de réaliser leur *alyah*, sans plus attendre. Ils ne pensaient plus qu'à partir et retrouver la famille en Terre Sainte. La décision prise, mes parents entamèrent les démarches auprès du *chaliah*, l'envoyé de l'Agence Juive, à Tunis, et nous nous préparions pour le grand saut, à la date proposée. Sachant qu'en Israël, il y avait une pénurie de papier photographique, mon père vendit tout ce qu'il pouvait et acheta un maximum de boîtes de ce précieux papier. Les bagages étaient prêts ; on attendait le signal de départ.

Or, de manière imprévisible, on nous informa que celui-ci était provisoirement suspendu au motif que, le gouvernement roumain ayant autorisé la sortie des Juifs roumains candidats à l'immigration en Israël, la priorité était accordée à ces *olim*. Aucune date n'était fixée pour la reprise des départs depuis Tunis. Contre temps fâcheux ; tout le monde se retrouva sans travail. J'avais moi-même remis ma démission à la Direction des Travaux Publics. Heureusement mon employeur accepta de reporter ma démission et de prolonger mon contrat de trois mois. Le temps passait sans nouvelles. J'avais toute la famille à ma charge. On couchait sur des matelas, à même le sol. Au fur et à mesure que le temps passait, d'inconfortable, la situation devenait dramatique. On ne savait pas quand arriverait notre tour de partir.

Quelques semaines plus tard, l'*alyah* de Tunis reprenait cependant que, lié par mon contrat jusqu'à l'échéance des trois mois, j'étais contraint de surseoir à mon départ. Je mis ce temps à profit pour approfondir mes connaissances en Hébreu. En Israël, la maîtrise de la langue est indispensable pour travailler dans un bureau. Suite aux cours du soir de comptabilité que j'avais pris à l'Ecole de

Commerce, j'avais obtenu un diplôme de CAP de comptabilité et un Certificat de Teneur de Livres de la Société de Comptabilité de France. Ayant été classé premier aux deux examens, mon professeur de comptabilité, monsieur Tahar me proposa un emploi dans son cabinet d'expertise comptable. Ne voulant pas dépendre d'un patron, j'avais refusé son offre, bien qu'il me proposât un salaire très supérieur à mes émoluments dans la fonction publique. Je poursuivis les cours jusqu'au niveau de première année d'expertise comptable. Je ne pus malheureusement pas passer les examens parce que je n'avais pas la possibilité de me rendre à Alger, pour l'écrit et l'oral.

Quelques mois avant la décision de faire mon *alyah*, je m'étais inscrit à l'école de l'ORT, pour suivre un cours de tourneur sur métaux. J'avais envisagé de travailler en usine, dans un premier temps, en attendant l'opportunité d'exercer ma profession de comptable. Je pensais qu'il était bon d'avoir plusieurs cordes à son arc. Je passai et réussis l'examen. Je détiens ainsi un diplôme de tourneur, délivré par l'ORT. Mais je n'aurai jamais l'occasion de pratiquer ce métier.

Ainsi mes parents m'avaient devancé en Israël. Leurs débuts furent désastreux. A peine débarqués de leur rafiot, ils furent conduits de nuit en camions dans un lieu désertique et installés sous des tentes militaires. Il n'y avait rien autour. Les nouveaux immigrants d'Afrique du Nord étaient traités comme des bestiaux. Il fallait aller puiser l'eau dans un puits, situé à plusieurs centaines de mètres ; il n'y avait aucune commodité, et très peu de nourriture ; dans les tentes on avait installé des sommiers métalliques pour dormir ; rien d'autre. Les hurlements des chacals qui, la nuit, pointaient leur museau à l'entrée de leur tente, terrifiaient les enfants et semaient la panique.

Tous les produits photographiques que mon père avait apportés de Tunis furent saisis et consignés par le Service des Douanes qui exigeait des droits exorbitants pour les débloquer. Mon père fut contraint d'abandonner les deux tiers de sa marchandise pour retirer le tiers restant. Il ne voulait pas se délester de l'argent en espèces qu'il avait emporté en cas de besoin, en attendant de trouver du travail. En échange de l'équivalent de 3.000 euros actuels, il reçut 200 livres israéliennes. A ce moment-là, le cours de la livre israélienne était aligné sur celui de la livre sterling. De dévaluation en dévaluation, la livre israélienne ne valut bientôt plus un kopeck. La situation financière de mes parents, de précaire devenait critique. Il était loin « *le pays où coule le lait et le miel.* »

L'Agence juive n'avait pas préparé les *olim* à cette désespérante situation.

Dans ses lettres, ma mère me décrivait le dénuement où se trouvait la famille ; elle me lançait un véritable SOS. Elle me demandait de faire mon possible pour la sortir de l'enfer où elle se trouvait et la rapatrier à Tunis. Elle me recommandait vivement de ne pas quitter la maison. Elle me reprochait, en passant, d'avoir incité la famille à partir sans moi. Il était prévu que je les rejoigne au plus tôt. Seules les tergiversations de l'Agence juive avaient été la cause de mon maintien à Tunis. Dans un sens, ce fut un bien. Il ne pouvait être question de les faire revenir. Je lui affirmais qu'il s'agissait d'une situation provisoire, que les choses allaient s'arranger. En attendant j'allais faire de mon mieux pour les aider. Le sort de la famille reposait désormais sur mes épaules. Me serrant la ceinture je leur envoyais tous les mois la moitié de mon salaire. Je leur expédiais, sans discontinuer, des colis alimentaires. Ma tante Rachel et ma cousine Emma, l'épouse de mon cousin Michel, me préparaient des merguez que j'envoyais et qui ne parvenaient pas toujours, à destination, en bon état de conservation.

Contraint de quitter mon travail à l'issue des trois mois, j'avais par chance été embauché, à compter du 1ᵉʳ janvier 1951, à la Société Franco

Tunisienne de Banque et de Crédit (SFTBC), toute nouvelle filiale de la Société franco-américaine de Banque (SFAB), dont le siège était à Paris. Le directeur m'avait fait miroiter de belles perspectives de développement dans cette nouvelle banque. Je fus alléché par ces propositions. Ne connaissant rien au monde de la finance, je m'inscrivis à un cours de banque, en parallèle avec mes cours de comptabilité.

A la SFTBC la majorité des employés étaient juifs. Lorsque le directeur apprit que je l'étais moi-même, il fit la grimace. Un de plus ? Il avait été trompé par mon nom à consonance « *Français de souche* » et mon lieu de naissance. Affecté au Service du portefeuille je m'adaptai vite à cet univers nouveau. Mon job consistait à traiter les effets de commerce, remis par la clientèle, à l'encaissement ou à l'escompte. J'avais également en charge la gestion des effets documentaires.

Les Tunisiens nationalistes étaient alors en rébellion contre l'occupation française. Habib Bourguiba, le *Combattant Suprême*, chef du parti *Néo-Destour*, mouvement nationaliste créé dès 1945 et ayant pour objectif l'indépendance de la Tunisie, provoquait des flambées de violence et des attentats dans le pays. En opposition avec ce leader moderniste qui avait pris comme modèle Mustafa Kémal Atatürk, le père de la Turquie moderne,

Salah Ben-Youssef était de tendance nasséro-islamiste. Les partisans des deux courants étaient à couteaux tirés, les règlements de comptes fréquents. Tous les services de la banque étaient regroupés dans le vaste hall du rez-de-chaussée de l'immeuble, à l'exception de la Comptabilité installée au premier étage. Le Service du portefeuille était placé à l'entrée de la banque. J'étais derrière un comptoir. Mon poste étant exposé, on m'avait confié un revolver pour intervenir en cas de hold-up. Mais, plus qu'un hold-up, je craignais surtout un attentat terroriste visant le frère de Salah Ben-Youssef, qui avait un poste de fondé de pouvoirs à la banque. A mon grand soulagement, il sera arrêté et écroué par la police française.

Lorsqu'un poste de responsabilité fut à pourvoir dans l'agence en plein essor, nous fûmes deux à présenter notre candidature. Mes performances dans le Service étaient bien appréciées par mon supérieur hiérarchique direct, R. Belisha, qui me laissa entendre que j'étais le mieux placé. J'avais de grandes chances d'obtenir ce poste. Or, contrairement à mes espérances, le directeur attribua la promotion à l'autre candidat, franco-italien d'origine. Je remis *illico presto* ma démission à compter du 31 mai 1952, en dépit de la promesse du directeur que j'étais bien placé pour la prochaine promotion. Quelques jours auparavant, j'avais en effet reçu une proposition d'embauche bien plus séduisante, à la Caisse de Retraite du Personnel des Services Concédés - eau, gaz et électricité - de Tunisie (CRSCT), une entreprise de Service public.

Par coïncidence, pendant ma période de solde de congés, je fus rappelé pour accomplir une période de réserve de vingt et un jours, à la Gendarmerie de Tunisie, pour le maintien de l'ordre. J'ai été affecté à la Légion de Kairouan. Je parcourais le djebel, à la chasse aux fellaghas. Une grenade fut lancée, par des nationalistes, par dessus le mur d'enceinte de la cour de gendarmerie où nous étions réunis. Elle fit quelques blessés. J'en sortis indemne. J'eus encore la *baraka*.

J'allais encore être rappelé, à deux reprises, toujours pour le maintien de l'ordre : du 5 au 17 mars 1953, au 8e RTT, Régiment de tirailleurs tunisiens, et du 8 juin au 9 juillet 1954, au 4e Régiment de zouaves. Au cours de ces périodes, je participai à des patrouilles périlleuses dans les *douars*, les agglomérations du djebel tunisien. Je fus le témoin d'exactions commises par l'armée française, en Tunisie, à l'encontre de la population civile : ratonnades, interrogations musclées, fouilles et destructions au bazooka de *gourbis*, de simples habitations arabes. Nous entendions la nuit des hurlements provenant des baraquements où l'on interrogeait les prisonniers. Au matin, ils étaient morts. J'étais chargé de rédiger le rapport qui établissait comme cause de décès : arrêt cardiaque.

Pour me rendre compte de la situation alarmante que me décrivaient mes parents, je fis mon premier voyage en Israël au début de l'année 1952, sur le *Jérusalem*, un vieux cargo de la *ZIM*, la compagnie maritime d'Israël. La famille avait quitté le désert pour s'installer aux environs de Pétah-Tikvah, logeant dans une bicoque en bois, que mon frère Michel avait construite sur un terrain attenant à l'habitat précaire de ma tante Vida. On appela cette installation de fortune de baraques faites de bric et de broc, une *maavarah*, un camp de réfugiés. Les conditions de vie y étaient déplorables. Mon père ne trouvait toujours pas de travail. Il était fauché. Mes deux frères servaient dans l'armée.

Quand j'arrivai au port de Haïfa, la première fois, j'eus un des moments les plus bouleversants de ma vie. Ma mère m'avait attendu toute la journée, sur les quais, sous un soleil de plomb. La voir tellement vieillie, en à peine deux ans, me perça le cœur.

Ma première et agréable surprise, à Haïfa, fut d'entendre de jeunes *sabras*, des enfants nés en

221

Israël, crier en hébreu, en jouant aux gendarmes et aux voleurs : « *Yadaïm lé malla,* les mains en l'air ! » L'Etat d'Israël accueillait des immigrants de plus de cent pays, parlant des langues différentes, et réalisait le *Kibboutz Galouyoth,* le rassemblement des exilés. Voilà qu'après deux mille ans d'oubli, la langue hébraïque, récupérée et actualisée par Eliezer ben Yehouda, renaissait et descendait dans la rue. De langue morte, elle était devenue la langue nationale, d'usage courant, en Israël. Elle était la langue maternelle de ces enfants !

Un autre moment fort fut la visite des hauts lieux de la spiritualité juive, Safed, Méron, Hébron, Tibériade, et le tombeau du roi David à Jérusalem. Le mémorial de *Yad Vashem,* le musée de la Shoah, me submergea d'émotion.

Plus tard, ma première visite au *kotel,* à Jérusalem, reste inoubliable. Jusqu'à la Guerre des Six Jours, les Jordaniens ne permettaient pas aux Juifs l'accès au Mur. Jérusalem était séparée en deux et on ne pouvait apercevoir la Vieille ville que par le poste de la Porte Mandelbaum. De cet endroit des snipers tiraient, de temps à autre, sur les habitants des immeubles frontaux, où l'on n'avait pas muré les fenêtres. Ces tirs faisaient régulièrement des victimes.

J'y retournai régulièrement, deux ou trois fois par an. Lors de ces voyages, je parcourus l'Etat d'Israël d'est en ouest, et du nord au sud. J'assistai au développement miraculeux du pays. Mais j'eus aussi l'occasion de voir, avec un profond dépit, l'autre face de la situation : les traitements misérables réservés aux nouveaux immigrants séfarades. La *protectia*, le piston, sévissait à grande échelle, en faveur des *olim* de l'Europe de l'Est, pour l'attribution de l'emploi et du logement. Je revenais d'Israël passablement écœuré.

Je n'avais qu'une idée en tête : sortir mes parents de la *maavarah* et les faire accéder à un *chicoun*, logement en construction pour *olim hadachim*, les nouveaux immigrants. Il fallait disposer d'un apport financier personnel suffisant pour pouvoir bénéficier d'une *machkantah*, un prêt bancaire. De Tunis, il était impossible de faire des virements bancaires ou postaux vers Israël. L'Etat juif était boycotté par les pays arabes. Ayant sympathisé avec le *chaliah*, l'envoyé spécial de l'Agence Juive à Tunis, je courus le risque de lui remettre, en mains propres, la somme de deux mille francs en espèces, le chargeant de les faire parvenir à mes parents. Cet émissaire se révéla honnête : mes parents reçurent la contre-valeur de la somme, en livres israéliennes. Elle leur permit d'emménager dans un *chicoun* à Bat-Yam, une ville côtière proche de Tel-Aviv. J'ai aussi permis à mon frère Michel d'accéder à un *chicoun*, proche de celui de mes parents, en lui apportant une aide financière. Ma sœur et mon frère habitent toujours à Bat-Yam, dans ces maisons.

A bord du bateau qui faisait la traversée Marseille-Haïfa, j'avais l'occasion de m'entretenir avec des journalistes israéliens, d'origine ashkénaze, du problème des discriminations dont les Juifs séfarades étaient l'objet en Israël. Je trouvais scandaleux qu'il n'y ait pas de représentants des citoyens israéliens d'origine séfarade à la *Knesset*, le Parlement israélien. A mon indignation, ces journalistes avançaient l'argument fallacieux qu'il importait peu qu'il n'y ait pas une représentation des Séfarades, à la Knesset, la Chambre des députés du peuple, puisque « *les ashkénazim travaillent pour le peuple d'Israël dans son ensemble.* »

Ce n'était pas l'idée que je me faisais de la démocratie.

Certains de mes interlocuteurs, embarrassés, me décourageaient de faire mon *alyah*. Pensaient-ils avoir affaire à un agitateur subversif ? Au fil de ces années, j'ai vu le pays d'Israël se transformer. se développer et se moderniser. Cependant les mentalités n'évoluent pas aussi rapidement.

Il y eut quelques révoltes violentes, notamment des *panthères noires,* à Katamon, qui firent prendre conscience aux dirigeants du pays du réel problème de ces laissés-pour-compte aux sentiments exacerbés.

Je fus personnellement la victime d'une petite aventure qui montre combien les mentalités étaient imprégnées du refus de l'autre, en ce temps-là : un jour, assis sur un banc de la corniche de Bat-Yam, face à la mer, je feuilletais *El tiempo*, un journal rédigé en judéo-espagnol. Le temps était superbe, les estivants, nombreux à se dorer au soleil sur le sable chaud ou à se baigner, agglutinés autour de la *séla*, un gros rocher planté à cinquante mètres du rivage. Le maître-nageur s'égosillait à rappeler des enfants imprudents, qui s'éloignaient un peu trop du bord de l'eau, en criant dans son porte-voix : « *yéladim !* » Une femme d'un certain âge, disons la cinquantaine, accompagnée de sa fille, vint s'asseoir sur le banc, à mes côtés. La mère, petite et mal fagotée, engagea la conversation d'une manière avenante, me posant fort indiscrètement, dans un hébreu approximatif, des questions sur mon âge, mon statut familial, ma profession, le montant de mes revenus. Elle voulait savoir si j'étais *olé hadash*, nouvel immigrant ou *tayar*, touriste ? Puis, à brûle pourpoint, elle me demanda : « *Comment trouvez-vous ma fille ?* » Sa fille, un peu boulotte mais mignonne, gênée et rougissante, ne pipait mot. Je répondis : « *Jolie.* » A la suite de quoi elle se mit à baragouiner en *yiddish*, avec un large sourire. « *Je suis désolé, guevereth* (madame), *je ne parle pas le yiddish, je suis Séfarade.* » lui répondis-je. Elle parut stupéfaite. Son visage s'assombrit et son regard s'endurcit. Sur ce, elle se leva, prit sa fille par le bras et toutes deux s'en allèrent sans un *chalom,* ou un *léitraoth*, un au-revoir. Cette pauvre femme, à l'esprit étriqué, était, sans aucun doute, une bonne mère juive, une *yiddishe mame* authentique, soucieuse de marier sa fille. J'ignore si sa *houtspa*, son culot, était une bonne recette de marketing. Une chose est sûre : elle n'aimait pas les Séfarades.

Cet épisode fit resurgir le souvenir de mon amoureuse de La Goulette, la jolie Sicilienne que la perspective d'aimer un Juif épouvantait.

Pendant ce temps, la situation évoluait rapidement en Tunisie. D'abord il y eut l'Autonomie, que le Premier ministre français, Pierre Mendès France, accorda à la Tunisie alors sous protectorat français. Un décret obligeait les services publics à embaucher du personnel tunisien, à parité avec des Français. L'ensemble du personnel en place était alors de nationalité française, à l'exception de l'Agent comptable. Pour réaliser la mise en place et le fonctionnement du nouveau Régime de Prévoyance et faire face à un surcroît de travail, on me confia la responsabilité de recruter de nouveaux agents. Après avoir fait passer aux candidats des tests oraux et un examen écrit de Français et d'arithmétique, je choisis de préférence, parmi les mieux notés et à potentiel égal, de jeunes Juifs tunisiens. Juste retour des choses ! Albert Zeitoun, l'Agent comptable, était lui-même de nationalité tunisienne et satisfaisait aux nouvelles dispositions du décret. L'accession de la Tunisie à l'indépendance suivit de peu l'autonomie.

Les Français des Services publics avaient le choix de se faire rapatrier dans la Métropole et d'intégrer Gaz de France (GDF) ou Electricité de France (EDF), ou de poursuivre leur activité en Tunisie sous contrat. Les partants étaient systématiquement remplacés par des Tunisiens. Ceux qui acceptaient de servir la nouvelle Administration bénéficiaient de salaires majorés de 30%. Je ne voulais rien précipiter et voir évoluer les choses avant de quitter la Tunisie. J'étais décidé à signer un contrat de six mois.

Un membre du Néo-Destour, Salah S., fut parachuté dans le service. J'étais chargé de lui transmettre le mode opératoire des activités de la CRSCT. Salah était à l'image du travailleur oriental tel que le véhiculent les stéréotypes, nonchalant, peu motivé et fonctionnant au bakchich. Il n'arrivait jamais à l'heure, recevait des femmes au bureau. Il acceptait mal ma tutelle. Très vite nous nous sommes accrochés. Un jour, il me menaça du revolver de fonction que je lui avais transmis, quand il était chargé de la trésorerie.

Mes relations avec l'agent comptable ne tardèrent pas à se dégrader. Ne pouvant bénéficier de la Convention d'intégration dans les Services publics, en France, parce qu'il n'était pas français, et voulant protéger son gagne-pain, il ménageait son *compatriote*. Il m'était impossible de rester plus longtemps. Je postulai pour un emploi de Chef de Bureau de comptabilité, à la Compagnie du Gaz et Régie co-intéressée des Eaux de Tunis (CGET). Le Statut du personnel de cette compagnie était le même que celui de la CRSCT. Je fus embauché sans difficulté, sous contrat, en conservant mon ancienneté et en obtenant une promotion, à compter du 1er mars 1959.

J'avais fait la connaissance de Dina par l'intermédiaire d'Odette, une collègue de la banque où je travaillais. C'était en 1952. Un soir, où elle était venue attendre son amie à la sortie du travail, nos destins s'étaient croisés. Je l'avais invitée à une boum que j'organisais pour le dimanche suivant.

Elle était venue. J'avais eu l'heur de lui plaire, puisqu'elle avait répondu facilement à mes avances. Toute l'après-midi, nous avions dansé ensemble, tendrement enlacés, sur des airs de slows langoureux. A la fin de la soirée, je l'avais raccompagnée jusqu'à la porte de son domicile, au 1bis de la rue Courteline. Avant de nous quitter, nous nous étions longuement embrassés. C'est ainsi qu'elle était entrée dans ma vie.

Ni l'un ni l'autre ne prévoyions que cette histoire irait jusqu'au mariage. Je caressais toujours le projet de partir en Israël. Les années passant, la politique discriminatoire envers les Séfarades, en Israël, était loin de s'améliorer ; l'ostracisme de l'establishment travailliste était toujours aussi frustrant. Les sales boulots étaient attribués aux *schkhorim*, les Noirs, comme on désignait les Séfarades à cause de leur peau brune, les travaux les moins pénibles étant réservés aux *vouzvouz*, surnom accolé aux Ashkénazim par les Séfarades. J'avais une vision idyllique de l'Etat d'Israël. Ces discriminations, injustices réelles et nuisibles, volontairement occultées par le gouvernement en place, portèrent malheureusement un grave préjudice au rêve brisé d'une partie du peuple juif, monté en Israël par idéal, pour reconstruire l'Etat juif. Ces disparités se sont heureusement atténuées depuis cette période difficile des débuts de l'Etat, bien que, encore visibles, mais de manière plus diffuse.

J'hésitais donc à sauter le pas. J'étais déchiré, désemparé.

D'un autre côté, tous mes amis s'étaient mariés. Je sentais le besoin de normaliser ma situation et d'avoir une vie bien réglée, comme tout le monde. J'avais atteint l'âge de vingt-neuf ans. Je désirais ardemment fonder une famille et mettre fin à mon célibat. Aussi ma demande en mariage fut-elle tout à fait extravagante et imprévue. Un soir, en arrivant devant son domicile, je demandai à Dina de bien vouloir me présenter à sa mère. Je montai chez elle et là, contre toute attente et à leur grande stupéfaction comme à la mienne, je demandai sa main. Je fus moi-même surpris par ce coup de folie. Etait-ce une des facettes de ma personnalité, un côté désinvolte, imprévisible, extravagant, ou bien un petit désordre psychologique ? La véritable raison qui m'avait fait basculer vers l'idée du mariage est la suivante : lui ayant demandé, peu de temps auparavant, si elle était prête à me suivre en Israël, elle m'avait répondu par l'affirmative.

En ce temps-là, je recevais fréquemment la visite d'une *samsara*, une marieuse, qui venait régulièrement me proposer, à mon domicile, « *de bons partis, des filles belles, instruites, possédant une belle dot, des perles rares.* » Je suppose que, de la même façon, elle devait vendre et vanter mes mérites supposés : « *Un bon parti, bien sous tous rapports, jeune, beau, bourré de talent, promis au plus grand avenir.* » Je ne sais qui avait mis cette courtière sur ma piste. Quoiqu'il en soit, il était temps que je lui échappe.

J'avais vingt-neuf ans et Dina, presque vingt-trois. Tout notre entourage trouvait que nous étions physiquement très assortis et formions un beau couple. C'est ainsi que Dina devint la femme de ma vie. Je n'exigeai pas de dot, comme c'était l'usage. J'acceptai même, sans réserve, que sa mère vive avec nous, libre à elle, le moment venu, de nous suivre ou pas en Israël.

Notre mariage fut très simple. J'épousai civilement, le 28 septembre 1954, à la Municipalité de Tunis, Dina, Henriette, née le 23 janvier 1932, à Sfax, fille de Moïse Messica et de Reina Lumbroso, tous deux d'origine livournaise, nés à Tunis. Je lui mis la bague au doigt le 10 octobre 1954, sous la *houpa* dressée à domicile, en présence de sa famille : sa mère, ses sœurs, leurs époux et leurs enfants et, de mon côté, de ma tante Rachel, son mari, mes deux cousins avec leurs épouses et quelques amis. Nous avons fêté allègrement notre union, à domicile, malgré un peu de tristesse de n'avoir pas mes parents auprès de moi ; il ne leur était pas facile de faire le déplacement. Le lendemain de nos noces, après avoir passé une nuit à l'hôtel, nous nous envolions sur une Caravelle, pour un voyage de noces en France et en Italie.

Dina était orpheline de père depuis l'âge de quatorze ans ; elle vivait avec sa mère. Elle avait dû travailler très jeune pour subvenir seule aux besoins de la maison. Elle travaillait quand je l'ai rencontrée dans un cabinet d'assurances comme sténodactylographe. Son patron M. C avait la bonté de n'engager que des orphelines. Cela partait d'un bon sentiment, sauf qu'il n'était pas totalement désintéressé : l'horaire légal de travail n'était jamais respecté, les heures supplémentaires pas payées, les congés légaux incomplets. En plus de sa fonction, Dina était tenue de nettoyer, tous les matins, le bureau du patron.

Je mis vite le holà à ce manège. Je lui imposai d'arriver à l'heure et de repartir à l'heure. Les heures supplémentaires devaient être rémunérées. Quitte à déplaire à son patron, qui me voyait arriver avec déplaisir, je venais chercher mon épouse à l'heure normale de sortie. Je patientais, juste un peu, le temps que Dina finisse de taper le courrier qui était sur la machine.

Dina n'avait aucune perspective d'avenir dans cette agence d'assurances. Je la poussai à remettre sa démission, après avoir travaillé chez cet assureur du 1er octobre 1949 au 22 janvier 1955.

Bien qu'appréciable, mon salaire n'était pas mirobolant. Nous avions besoin d'un deuxième salaire pour accéder à un meilleur train de vie. Après avoir quitté son premier employeur, Dina posa sa candidature dans une importante société française, *Air Liquide*. Etant très expérimentée, elle fut retenue pour le poste. Au bout de trois semaines elle reçut un questionnaire à remplir, émanant du siège de la société, à Paris, dans lequel il lui était demandé de préciser sa *confession*, ce qui était absolument illégal. Dina, qui n'y voyait pas malice, répondit qu'elle était juive. Elle fut aussitôt congédiée, sans élégance, sans motif et sans préavis.

Je réagis immédiatement en présentant une *Demande Introductive d'Instance* auprès du Conseil des Prud'hommes français de Tunis qui, après avoir diligenté une enquête, concluait par « *une absence volontaire de tout Juif parmi les centaines d'agents de la société* », et condamnait la société l'Air Liquide « *à régler le solde de salaire du mois entamé, une indemnité de préavis d'un mois et la somme de trois cent mille francs de dommages et intérêts, pour résiliation abusive de son contrat de travail.* »

La société fit appel du jugement. Elle en avait les moyens et voulait maintenir la société

233

judenrein, sans Juifs. Or, à ce moment-là, d'une part la situation politique s'envenimait en Tunisie : les attentats et les agressions se multipliaient. Le tribunal siégeant à la *Kasbah*, en plein quartier arabe, il ne faisait pas bon s'y aventurer, surtout que Dina se découvrait enceinte. Et les frais d'avocat étaient exorbitants. Dina ne recevait plus de salaire depuis son licenciement et mes appointements ne me permettaient pas d'aller plus loin. Nous ne nous sommes pas présentés à la convocation du tribunal qui, en notre absence, infirma le jugement du Conseil des Prud'hommes. Le quotidien socialiste *Le Petit Matin*, alerté, dénonça le scandale en soulignant ma qualité d'ancien combattant français. La société *Air Liquide*, bien que nommément désignée, ne broncha pas.

Je rêvais d'être père. Lorsque mon épouse m'annonça qu'elle attendait notre premier bébé, un an après notre mariage, je fus submergé de joie. J'avais beaucoup d'amour à donner. La naissance de Marco fut suivie de près par celle de Daniel, et un peu plus tard par celle d'Odile.

Nous fréquentions alors beaucoup les sœurs de ma femme, Pia et Adèle Allegra. Je garde un excellent souvenir des dimanches que nous passions ensemble, à Gammarth, une très jolie plage près de La Marsa, entourée de belles dunes de sable blanc et fin. André, le mari de Pia, nous y conduisait. Il nous entassait dans sa guimbarde, une Peugeot 205, avec nos paniers à provision et nos affaires de plage (maillots de bains, ballons, seaux, pelles et râteaux). Adèle, la sœur aînée de Dina, son mari Elio et les enfants nous y rejoignaient. (Adèle et son fils aîné Marco, brillant élève de l'université de McGill, à Montréal, où ils s'installèrent en quittant la Tunisie, périront dans l'incendie de leur maison provoquée par un pyromane en 1965. Survivront Elio et leur cadet Aldo).

Nous rencontrions parfois sur la plage de Gammarth Marcelle, la sœur d'André, son mari, Jules Cohen-Solal et leurs enfants, Jojo, Hanna et Léa. Nous formions une vraie tribu. Nous nous installions au pied de la Tour Blanche, un casino. Des orchestres et des vedettes de music-hall, venus de France, s'y produisaient fréquemment. Nous nous baignions, pique-niquions et nous prélassions sur des chaises longues, en écoutant la musique que déversait ce casino. J'appréciais les longues conversations que j'avais avec Jules, en flânant au bord de l'eau. Nous étions concernés par les mêmes sujets. Nous parlions, à bâtons rompus, de questions de société, de politique, de littérature, de sionisme. Nous commentions l'actualité.

Je me rappelle également des discussions passionnées que j'avais avec André, concernant l'avenir du Maghreb, de l'Algérie en particulier. Il était persuadé que la France lâcherait peut-être les protectorats, Tunisie et Maroc, mais n'abandonnerait jamais l'Algérie française, « *un morceau de la France.* » Je soutenais le contraire. Je lui opposais que le temps de la domination d'un peuple sur un autre était révolu et que les Algériens ne supporteraient pas longtemps la présence française. Mon pronostic s'est avéré juste.

La majorité des Etats arabes vivait, alors, sous la tutelle des Empires coloniaux : la France, la Grande Bretagne, l'Espagne et le Portugal. L'Inde, sous la houlette du mahatma Gandhi, et l'Etat d'Israël, sous celle de Ben Gourion, avaient conquis leur indépendance en même temps, après avoir lutté contre l'occupation de leurs pays par les Britanniques. Cela avait pour effet d'exacerber le nationalisme tous les peuples colonisés. Lorsque le général de Gaulle finit par signer les accords d'Evian qui accordaient l'indépendance à l'Algérie, et que les *pieds noirs* furent rapatriés dans la Métropole, les Juifs chassés et expatriés des pays arabes indépendants retrouvèrent dans leur grande majorité leur pays d'origine, Israël. D'autres s'installèrent en France, au Canada ou aux USA. Ironie de l'Histoire : une fois libérés, les Tunisiens,

Algériens, Marocains et les noirs d'Afrique immigrèrent en masse en France, l'ancien pays colonisateur, et prirent la nationalité française, car la situation économique de leurs pays était désastreuse.

La CGET était une entreprise privée française. Ses dirigeants français souhaitaient poursuivre leur activité en Tunisie, après son accession à l'indépendance, et pouvoir compter sur un personnel qualifié. Les Français qui demandaient à rejoindre la Métropole étaient systématiquement remplacés par des Tunisiens moins expérimentés. La Direction me confia donc le rôle de recenser toutes les tâches administratives exercées par l'ensemble du personnel, poste par poste, et d'en décrire le mode opératoire, dans un Cahier des Charges, afin de permettre le pilotage des Tunisiens appelés à remplacer les agents démissionnaires. Rapidement le Gouvernement tunisien décida de nationaliser la CGET et de prendre totalement en charge son exploitation. La direction demanda aussitôt au personnel français de mettre fin à toute activité à la CGET. Le moment était venu, pour nous, de revenir en France. Nous y étions mentalement prêts.

Chapitre quatre

En 1959, un an avant notre rapatriement, Dina et moi avions fait un voyage touristique à Paris, au cours duquel nous avions voulu rencontrer des parents et des amis, pour nous rendre compte de la manière dont ils vivaient après leur transplantation en France. Nous étions logés chez Adrien Lumbroso, un cousin germain de Dina, professeur de mathématiques au Lycée Condorcet. Il était encore célibataire.

Adrien avait vécu avec ses parents un horrible drame, en Tunisie. Ses deux jeunes frères, qui étaient scouts, avaient, au cours d'une sortie des louveteaux, ramassé, imprudemment, une grenade abandonnée sur un terrain vague. La grenade leur avait explosé dans les mains, les tuant sur le coup. Leur mère, inconsolable, était morte après des années de souffrance, clouée au lit.

Nous avons rendu visite à Nelly et Emile Fiorentino, également cousin germain de Dina, qui avaient ouvert une petite épicerie à Paris. Emile et moi étions au même cours de formation professionnelle à l'ORT.

Nous sommes aussi allés voir Yvonne Elmaleh, une autre cousine germaine de Dina, et son mari. Ils résidaient dans un appartement cossu de Neuilly-sur-Seine. Ce couple fut, peu de temps après notre visite, victime d'un drame. Ils partaient à Agadir, après le séisme qui avait frappé cette ville marocaine, pour constater les dommages que leurs propriétés marocaines avaient subis. Leur avion s'était écrasé au sol à l'atterrissage, tuant le mari sur le coup. Assise à ses côtés, Yvonne échappa à la mort.

Nous avons aussi rencontré des amis qui s'étaient installés dans la Région parisienne, peu auparavant : Colette et Raymond Berdah, Josiane et Simon Fitoussi, Loulou Fedida et son épouse ; Lucien (Lulu) Cohen. Tous nous encouragèrent à sauter le pas et à venir vivre en France.

Je contactai la Société de Comptabilité de France (SCF), dont j'étais membre, pour me renseigner sur son service de placement. La SCF me proposa immédiatement un poste de comptable dans une entreprise à Paris. Cela me réconforta agréablement. C'est donc confiant que j'entrepris les démarches pour notre rapatriement. Je choisis naturellement Paris en priorité pour notre installation, plutôt que la Côte d'Azur, en dépit du climat. Je préférais l'anonymat d'une grande ville à l'isolement de la province. Si EDF-GDF m'affectait dans un trou de province, j'aurais refusé. J'avais en tête une alternative : faire mon *alyah*.

Le destin voulut que je sois affecté au GDF de la rue de Calais à Paris, au service de la Distribution du Gaz dans la Proche-Banlieue de Paris (DGPBP). Ne voulant pas emmener mon épouse, sa mère et mes enfants, sans savoir où les loger, je décidai de les précéder et de préparer leur venue.

Avant de partir, je trouvai à Dina un emploi temporaire de secrétaire dans une agence de voyages de Tunis, à compter du 1er mars 1960. Son salaire et les économies que je lui laissais, devaient lui permettre de tenir le coup, le temps nécessaire pour me permettre de trouver un logement convenable pour ma petite famille.

J'avais demandé à mon ami Lulu, qui dormait dans un hôtel du quartier des Halles, à la rue du Boulois, de m'y faire réserver une chambre, pas trop chère, où j'allais loger à partir de mon arrivée, le 4 mai 1960. Les conditions de séjour, dans ce petit hôtel-deux-étoiles, étaient calamiteuses, pas à cause de son ameublement sommaire, mais en raison du vacarme assourdissant, dû au va-et-vient nocturne de nombreux gros camions qui déchargeaient quotidiennement leurs cargaisons de victuailles : légumes, viande, poissons. Impossible de fermer l'œil de la nuit. Je dus supporter ce cauchemar pendant trois longs mois, jusqu'à mon relogement à Saint-Denis.

Le marché de gros du quartier des halles, sera transféré à Rungis longtemps après que j'aie quitté cet hôtel.

Le 5 mai je me présentai à mon lieu de travail. Première déception ; au lieu d'être reclassé au grade de Chef de Bureau, le poste de cadre qui était le mien à la CGET, à Tunis, je fus requalifié Chef de Section de Comptabilité, un grade d'agent de maîtrise. En second lieu, en l'absence de poste vacant et dans l'attente du départ à la retraite du collègue que j'étais appelé à remplacer, j'allais occuper mon temps à mettre des factures sous enveloppes et à coller les timbres en me servant d'une mouillette. En outre, l'accueil de mes nouveaux collègues ne fut pas des plus sympathiques. Ils ne voyaient pas débarquer d'un bon œil les *pieds noirs*. Ils allaient, pensaient-ils, freiner leur avancement et leur souffler les postes auxquels ils aspiraient, très légitimement. Les syndicats eux-mêmes nous étaient hostiles. Leur représentation des Français rapatriés était très négative : à leurs yeux, nous étions tous des colons, arrivés pleins aux as, enrichis sur le dos des pauvres indigènes, à qui on avait fait « *suer le burnous.* » On nous fit supporter pas mal d'avanies. Je relevai, avec un certain malaise, des graffitis

tracés sur les parois des cabines d'ascenseurs :
« *Pieds-noirs dehors* ! *On ne veut pas de vous ici.* »

Le courant ne passait pas bien entre les anciens et moi. Je me sentais en marge, isolé ; une fois de plus *barani*, étranger. Avec le temps, mes collègues finirent par réaliser que les rapatriés d'Afrique du Nord n'étaient pas tous fortunés. En Tunisie, comme probablement, en Algérie et au Maroc, la majorité des dits *pieds noirs*, n'étaient que de modestes salariés, moins bien lotis que les agents d'EDF-GDF. Les salaires y étaient très largement inférieurs aux leurs et ils ne bénéficiaient pas des mêmes avantages sociaux. Nous finîmes par mieux nous comprendre et par établir des liens de sympathie.

Leur méconnaissance de l'Afrique, en particulier des pays du Maghreb, était confondante. La plupart des Métropolitains n'avaient jamais quitté l'Hexagone. Ils ne faisaient pas de différence entre l'Afrique noire et l'Afrique du Nord. Je leur faisais croire que des éléphants, cornaqués, circulaient en pleine ville de Tunis, que des lions affamés sortaient, parfois, de la brousse toute proche et rodaient, près des habitations, à la recherche d'une proie. « *Oui, bien sûr, c'était dangereux.* » Les croyances naïves de ces braves *Francaouis*, les Français de la Métropole, supposés cultivés, prêtaient à rire. La manière de vivre et de penser de mes camarades, leur vide culturel, ne manquaient pas de me surprendre. Leurs discussions me semblaient triviales ; leurs propos sur la vie étaient superficiels, en comparaison des discussions que nous avions, de nos engagements, de nos confrontations d'idées et de nos réflexions de tous ordres, autrement plus sérieuses. Nous nous interrogions et dissertions, sans fin, sur les aspects les plus larges de la vie : la géopolitique, la colonisation, la situation économique du monde, sur notre avenir et le devenir de la planète, sur le sexe des anges et, que sais-je encore ? Nous étions passionnés de politique. Nous voulions refaire le monde. A l'inverse, l'essentiel de leurs conversations tournait autour du sexe, de la voiture et des vacances, leurs trois passions. N'ayant jamais possédé de voiture, j'étais nul en matière de mécanique automobile ; j'étais très impressionné par les connaissances de mes camarades dans ce domaine. Ils comparaient, en experts, les caractéristiques du tout nouveau modèle des constructeurs, ils en détectaient leurs qualités respectives et leurs points faibles. Ils parlaient moteur, carburateur, culbuteur, piston, bielle, notions qui m'étaient étrangères, bien que j'aie eu mon permis de conduire. Quant aux sacrées vacances, elles faisaient l'objet d'interminables discours. A peine revenus de leurs lieux de villégiature, ils programmaient déjà leur prochain séjour à la mer, à la montagne ou à la campagne, dans la famille car, presque tous mes collègues étaient d'origine provinciale ; les Bretons et les Auvergnats étaient les plus nombreux. Tous aspiraient à retourner dans leur *pays*, au moment de la cessation de leur activité professionnelle.

Ils étaient très attachés aux produits du terroir, aimaient la « bonne bouffe », la cuisine campagnarde. Ils évoquaient les repas succulents et les bons vins émoustillants : ronds, moelleux, veloutés, gouleyants et autres qualificatifs désignant les vins, qu'ils aimaient picoler sec pendant les vacances. Pourtant ils ne dédaignaient pas la malbouffe et le picrate servis à la cantine, pour le déjeuner. Je ne buvais que de l'eau et ne consommais que des crudités. Au dessert, ils préféraient le fromage aux fruits. J'étais surpris de la variété des fromages, présentés sur les plateaux. A la fin du repas tout le monde se dirigeait vers le bar-tabac du coin, pour le traditionnel expresso. Mes collègues hommes buvaient le café, accompagné d'un calva ; les femmes prenaient une coupe de champagne. Je sirotais mon café express, sans alcool, à côté. Le règlement de la tournée se jouait aux dés, au 421. Au commencement, je perdais et réglais la note, jusqu'au jour où j'acquis une maîtrise suffisante du jeu pour ne plus porter la main au porte-monnaie.

Je découvris, sans surprise, la xénophobie et le racisme de nombre de mes camarades. Sous couvert de plaisanteries, ils cachaient à peine leur aversion pour tous ceux qui arrivaient d'ailleurs et ne leur ressemblaient pas. Ce qui, de prime abord, me frappait dans la façon de vivre des Parisiens, c'était leur vie frénétique, la course folle quotidienne, à la sortie des bureaux et des magasins, pour s'engouffrer et s'entasser, comme des sardines, dans le métro et pour rattraper un train de banlieue. J'appris beaucoup, par la force des choses, de la façon de vivre des Parisiens et dus adopter leur rythme trépidant. Moi aussi je courais, je me serrais dans le métro et je faisais mon possible pour ne pas rater le train de banlieue pour regagner mon domicile, à Saint-Denis.

Je fus surpris de voir les Parisiennes aussi mal attifées, bien différentes des *cover girls* sophistiquées des couvertures de magazines de mode qu'on achetait à Tunis. Je découvrais aussi leur très grande liberté d'esprit, sur des sujets les plus scabreux tels que l'adultère - des coups de téléphone s'échangeaient, sans discrétion, entre amantes et amants et on se tripotait sans retenue, au bureau -, ou l'homosexualité, masculine et féminine, qui s'affichait librement. A Tunis, M. B, un de mes collègues, était homosexuel. Ses manières étaient efféminées et provoquantes. Il ne cessait de me faire les yeux doux. Je moquais ses moues ridicules. A la DGPBP, je découvrais une femme homosexuelle. Je ne savais même pas que ça existait.

Une ravissante jeune fille est arrivée, un jour, à la DBPBP. Dix-huit ans environ, de belles boucles noires, de superbes yeux bleus, des joues roses. Toute fraîche, très provinciale, elle débarquait de sa campagne. Elle ne paraissait pas très futée. Elle fut aussitôt repérée par la lesbienne du bureau, qui eut tôt fait de lui mettre le grappin dessus. Mes collègues femmes s'en irritèrent. Parmi elles, une secrétaire, la quarantaine, un peu rondelette, décida d'intervenir pour la détacher de cette emprise. Curieusement, elle demanda à son mari de faire connaître à la péronnelle une relation sexuelle masculine. Grave erreur : Elle jeta, ce faisant, la pucelle dans les bras de son mari qui s'enticha d'elle ; il se détacha de sa femme et devint l'amant de la fille.

J'observais le manque de zèle au travail dont faisait preuve le personnel. Leur devise : « *Pas trop vite le matin et tout doucement le soir.* » A la DGPBP, les agents pointaient à l'horloge, en arrivant le matin et en quittant le travail, le soir. A Tunis nos conditions de travail étaient plus draconiennes. Nous ne vivions pas l'œil rivé sur la pendule. Nous arrivions généralement tôt le matin, bien avant l'heure. Le soir, il n'était pas bien vu de quitter le travail à l'heure pile. Mon statut de chef de section me dispensait du pointage, mais j'avais gardé mes habitudes. Je venais tôt et je partais après l'heure de fin de travail. Mon exactitude était mal perçue par mes collègues.

Les grèves étaient fréquentes. Le droit de grève existait aussi, en Tunisie, mais il était rarement pratiqué. En ma qualité de Délégué élu du personnel et de Représentant syndical de la CGT-Force Ouvrière, j'avais des entretiens réguliers avec ma Direction. Ils étaient purement formels ; lorsqu'il s'agissait d'améliorer les conditions de travail, d'hygiène ou de sécurité, mes réclamations, jugées raisonnables, étaient en général prises en considération, mais, dès qu'il s'agissait de revendications salariales, elles étaient, la plupart du temps, rejetées, sans recours possible. C'était au bon vouloir du prince.

Il fallait que j'apprenne et m'adapte vite aux nouvelles réalités. J'observais attentivement l'activité du collègue que je devais remplacer, à son départ à la retraite. Certaines de ses opérations me paraissaient compliquées, sans visibilité ; des écritures étaient reportées de registre en registre, sans utilité apparente. Aux questions que je lui posais, mon collègue me répondait qu'il avait l'habitude de procéder comme cela depuis qu'il avait hérité de ce poste. Il ne s'était jamais posé la question du pourquoi, ni de l'utilité de sa prestation.

Au mois de juillet, mon collègue prit son congé estival. Or, habituellement, pendant la période de ses vacances, son travail restait en l'état, jusqu'à son retour. Le jour précédant son départ, j'attendais ses consignes. Curieusement il me déconseilla d'assurer la continuité de son travail, parce que, dit-il, « *vous êtes encore nouveau et c'est très compliqué.* » Après avoir réfléchi et bien compris le système, je décidai de passer outre et pris l'initiative de réaliser les opérations comptables devant aboutir à la production du document mensuel habituel. Mais j'utilisai une méthode personnelle, beaucoup plus simple. Je remis cet état à son destinataire, M. Lancy (ex Lévy), le chef des Services Comptables et Financiers de la DGPBP. Il fut surpris de le recevoir si tôt. Je lui expliquai de quelle manière je l'avais élaboré. Il apprécia et me recommanda d'en parler au collègue.

A son retour, il sembla embarrassé par mon résultat. Je dois dire, à sa décharge, qu'il n'avait reçu aucune formation comptable ; il avait appris son travail sur le tas, sans en saisir la finalité. Il n'était évidemment pas très joyeux mais il parut intéressé par ma méthode de travail. Il finit par adopter la nouvelle organisation simplifiée que je lui avais proposée. Nous nous quittâmes en bons termes lorsqu'il partit à la retraite. M. Lancy me confia la responsabilité de la section comptable.

Pendant plusieurs mois je vécus seul à Paris. Dès mon entrée en service à la DGPBP, j'exposai à mon Directeur la précarité de ma situation : je vivais très mal à l'hôtel, qui me coûtait cher ; ma paie était à peine suffisante pour me faire vivre et, le plus dur, j'étais séparé de ma famille. J'endurai pendant trois longs mois cette situation intenable, jusqu'à ce que, grâce à l'intervention compatissante de monsieur Lancy, la Direction mette à ma disposition, à titre temporaire, un pavillon désaffecté situé en face de la gare de Saint-Denis. Il appartenait à la DGP et était destiné à la démolition. Entre ce pavillon et la gare, se trouvait l'écluse d'un canal par lequel transitaient de nombreuses péniches. Ce logement était assez grand, mais vétuste.

Les retrouvailles avec les miens eurent lieu le 20 août 1960. Grandes effusions de joie. La famille m'avait tellement manqué ! Dina était satisfaite des dimensions des chambres, de la cuisine et de la salle de bains. On s'installa tant bien que mal, en attendant l'arrivée des rares meubles qu'elle avait pu faire transporter de Tunis, par bateau et train. Je fis visiter la ville, repérai le marché, l'école et la mairie. Je réglai les démarches administratives. On commença à s'organiser.

Le pavillon était assez isolé et, en l'absence de voisins, ma femme et Nonna, sa mère, avaient du mal à trouver des gens avec qui communiquer. Dina avait cessé toute activité professionnelle en arrivant en France. Elles vivaient en vase clos. Dina se familiarisa vite avec l'environnement et les commerçants. La moins bien adaptée c'était la Nonna, arrivée dans le gris de l'hiver. Elle se faisait mal au climat ; elle supportait mal le froid, la grisaille, l'humidité. Loin du pays méditerranéen, elle ne reverra plus son ciel bleu azur, ni ses étoiles brillantes au firmament.

Marco et Daniel, un peu déroutés à leur arrivée, s'acclimatèrent vite. Ils épiaient, chaque jour, le passage des trains ; ils finiront par reconnaître « le *train d'en Belgique* », qui passait à intervalles réguliers. Ils passaient des heures à regarder le transit des péniches par l'écluse, située sous notre fenêtre. Nous nous habituions, petit à petit, à notre nouvelle vie, au chauffage (ah cette satanée chaudière qu'il faut, en permanence,

251

alimenter en coke !). Le climat est ici nettement plus rigoureux qu'en Tunisie. Il fallut réassortir notre garde-robe, mettre de côté nos tenues légères pour les remplacer par des vêtements chauds : gros pull, manteau, bonnet et cache-col, si rarement portés à Tunis.

Lorsque les meubles arrivèrent enfin, après avoir voyagé dans un wagon à ciel ouvert et sous une pluie diluvienne, ils avaient malheureusement subi un important dommage des eaux. L'assurance mettra beaucoup de temps pour nous indemniser, très insuffisamment, compte tenu de la dégradation de nos meubles. Nous complétâmes le mobilier par des lits de fortune.

En arrivant, nous n'avions trouvé à Saint-Denis ni communauté juive, ni synagogue, ni boucherie casher. J'étais obligé d'aller faire régulièrement mes emplettes rue Richer, à Paris, où se trouvaient les commerces juifs.

J'avais toujours rêvé d'avoir une ribambelle d'enfants. Devant la dureté de la vie, il m'avait paru plus raisonnable de limiter ma progéniture à quatre. Mon idéal était d'engendrer deux garçons et deux filles. Nous avions déjà nos deux garçons ; nous désirions ardemment avoir les filles. Odile, tant attendue, naquit le 6 novembre 1961. Ce fut un cadeau du ciel. Nous l'avons nommée Odile, prénom civil, et choisîmes comme prénom hébraïque Sarah, signifiant princesse en hébreu, en souvenir de ma tante Sarina.

A Saint-Denis, nous menions une vie rangée, qui s'écoulait tranquillement. Nous nous sentions très seuls ; nous n'avions ni parents, ni amis proches, pas même de voisins à proximité de notre pavillon isolé. Seul notre ami Lulu, récemment décédé, venait déjeuner avec nous le dimanche et rompait un peu notre solitude. Plus tard, nous nous rapprochâmes d'un couple d'amis, Marcelle et Gilbert Cohen-Solal, dont nous avions fait la connaissance à Tunis. Nous sortions quelquefois ensemble. Nous promenions nos enfants le dimanche matin au parc du Belvédère de Tunis. En France, nous prîmes l'habitude de nous rencontrer régulièrement. Nous avons passé de nombreuses vacances ensemble. Nous avons visité La Grèce, l'Italie, l'Angleterre, la Hollande, la Turquie, Israël, l'Allemagne et l'Autriche.

Saint-Denis offrait peu de distractions en ville, à part un cinéma, assez proche de la maison. Ma femme et moi y allions, parfois, lorsque le mauvais temps ne nous contraignait pas à rester enfermés à la maison. Depuis cinquante ans le climat s'est radouci ; les hivers étaient autrefois plus rigoureux.

Un soir de 14 juillet l'orchestre d'Aimé Barelli vint donner un concert public, sur l'avenue principale de la ville ; les enfants étaient ravis. J'adorais aussi la musique populaire de Ray Ventura et de ses collégiens, Jacques Hélian et ses boys, Claude Bolling et sa bande. Il n'existe plus de pareils orchestres. Les Compagnons de la chanson, que j'admirais tant et dont je fredonnais les chansons, ont également disparu.

Les dimanches après-midi, lorsque la météo le permettait, nous prenions le train pour Enghien-les-Bains. Nous nous promenions autour du lac. Nous allions aussi à Paris. Nous prenions, courageusement, le train puis le métro, avec les enfants et la poussette d'Odile qui ne marchait pas encore. Marco courait sur les quais, se précipitant toujours vers le premier wagon du métro. Il était fasciné par le machiniste-wattman, qu'il observait à travers la porte vitrée de sa cabine. Il projetait de devenir, quand il serait grand, conducteur de métro. A chaque arrêt il annonçait, à haute voix, les noms des stations, qu'il déchiffrait facilement. Il collectionnait les tickets poinçonnés. Petit à petit nous nous sommes intégrés dans la ville de Saint-Denis et adaptés à la vie des Dyonisiens, ainsi qu'à la course perpétuelle contre la montre.

Un événement dramatique allait bouleverser notre tranquillité : au mois d'août 1962 Pia, la sœur de Dina, qui vivait encore avec sa famille, à Tunis, était venue nous rendre visite en France. Après quelques jours passés en sa compagnie, profitant de sa présence, nous décidâmes de partir en vacances à la montagne, à Pleaux dans le Massif Central, dans une institution de notre Caisse d'Action Sociale (CAS). A peine arrivés au village, nous reçûmes un télégramme nous annonçant que Nonna, gravement malade, a dû être hospitalisée d'urgence. Nous refîmes nos bagages à la hâte et reprîmes le train, dare-dare, pour Paris. En arrivant, nous apprîmes qu'au moment où Pia avait envoyé son télégramme, Nonna était déjà morte d'une crise cardiaque. Nous le pressentions : si cela n'avait pas été aussi grave, la pauvre Pia ne nous aurait pas alertés si vite, par télégramme. Elle nous raconta comment les choses s'étaient passées : elle avait pris le train avec sa maman, pour visiter Paris. Pendant le trajet, la Nonna s'était assoupie sur son siège ; à l'arrivée à la Gare du Nord elle ne s'était pas réveillée. Imaginez dans quelle situation embarrassante s'est trouvée la douce Pia, seule à Paris pour faire face à la situation. La Nonna quant à elle a eu une mort douce. Elle repose aujourd'hui dans le cimetière de Pantin.

Au bout de quelques mois chez GDF, je commençais à me lasser de mon travail routinier et fastidieux. La division des tâches administratives, suivant la méthode connue de Fayol, ne me donnait pas une vision complète des activités du Service. Je ne voyais les choses que par le petit bout de la lorgnette. Mon travail consistait à exécuter des opérations répétitives et monotones ; il était bien moins intéressant que la fonction, plus globale, que j'accomplissais à Tunis. Je ne me voyais pas faire de vieux os dans ce Service. J'attendais la première occasion de changer.

Fort heureusement cette occasion se présenta assez vite. Un statut unique, voté après la Libération, s'appliquait au personnel d'EDF et GDF. Il dispose qu'un agent, appartenant à l'une ou l'autre de ces entreprises, peut être muté d'EDF à GDF ou inversement, pour des raisons de convenances personnelles ou pour occuper un nouveau poste, pour lequel le postulant s'est porté candidat et a été retenu. Je vis passer dans le *Bulletin des postes à pourvoir*, une publication interne, commune aux deux établissements, une annonce émanant des Services Centraux d'EDF, qui cherchait à recruter des candidats désirant suivre des cours de programmation sur ordinateurs IBM, après une sélection par les tests psychotechniques. Les candidats étaient informés que ne seraient affectés au Service du Traitement de l'Information (STI), nouvellement créé, que ceux qui auront réussi à passer, avec succès, les examens de fin de formation qui devait durer trois mois. Rien ne pouvait m'arriver de mieux. Abonné, depuis de nombreuses années, à la *Revue de la Société de Comptabilité de France*, je lisais régulièrement et avec grand intérêt, les articles de cette revue qui, de manière récurrente, décrivait les nouveaux matériels électroniques et le traitement de l'information sur ces machines révolutionnaires, utilisant l'*informatique*, une science nouvelle, l'invention la plus importante, disait-on, depuis la découverte de l'électricité. J'avais eu l'occasion, par ailleurs, de participer à l'élaboration de documents comptables sur des machines à cartes perforées, dans l'atelier de la *mécanographie classique* de la Compagnie d'Electricité et du Transport (CTET), à Tunis, ainsi qu'à la DGPBP, à Paris. Je fus donc séduit à la perspective de travailler sur la nouvelle génération de machines électroniques, et c'est en pleine connaissance de cause que, saisissant cette opportunité, je me portai volontaire pour suivre les cours d'IBM.

Ma décision n'eut pas l'heur de plaire à mon chef de service. Il chercha à me dissuader de courir l'aventure. Il prétendait que je ne possédais pas le niveau de mathématiques requis pour suivre cette formation, normalement réservée aux ingénieurs des Grandes Ecoles. Il ajouta qu'il ne pourrait pas laisser mon poste vacant jusqu'à l'issue de mon stage, ni garantir ma place dans le Service en cas d'échec aux examens. Je devais, en conséquence, opter entre garder mon poste actuel, avec la promesse d'une promotion à court terme, ou risquer de perdre ma place jusqu'à ce qu'un autre poste soit vacant dans ma catégorie, ce qui risquait d'être long. Sa mise en garde ne me découragea pas. Je maintins ma candidature et confirmai ma décision de tenter le challenge. Arrivé à la force de l'âge, trente-cinq ans, et au carrefour de ma carrière, je devais choisir la voie qui me paraissait la plus importante pour mon avenir. Je ne voulais pas laisser passer ma chance de percer dans un domaine radicalement d'avant-garde et prometteur. Je croyais en moi. De toute façon je ne mettais pas ma vie en danger.

Après examen de mon dossier, le responsable du recrutement me convoqua pour un entretien, qui parut satisfaisant. Je fus invité à passer des tests psychotechniques. Ayant obtenu un bon score, je fis partie des vingt candidats retenus pour participer aux cours d'IBM.

L'informatique n'était pas encore enseignée dans les écoles d'ingénieurs ; les Instituts

Universitaires de Technologie (IUT) n'existaient pas. Nous avons été formés sur le tas dans cette nouvelle discipline, passionnante et ludique. D'emblée j'eus le coup de foudre pour le métier d'informaticien, qui exige un esprit d'analyse, un sens développé de la logique, de la créativité, de l'organisation et de la rigueur. Je réalisais que ma formation initiale de comptable, qui requiert ces mêmes qualités, me prédisposait à ce métier. J'avais fait le bon choix, et cela allait marquer un tournant important dans ma vie professionnelle. Je n'ai jamais eu à regretter ma reconversion, qui changea le cours de mon existence, permit de dévoiler mes réelles potentialités et de m'épanouir. J'allais parvenir, au fil des années, à gagner du galon, à grimper de plusieurs échelons dans la hiérarchie de la profession, impliquant évidemment une prise de responsabilités croissante. Il n'a pas été facile de se remettre à étudier, après avoir quitté les bancs de l'école depuis plus de vingt ans. Mais j'étais formidablement motivé ; j'avais envie de réussir. J'ai travaillé avec acharnement. Ma réussite a été finalement à la hauteur de mes espérances.

Les brochures qui nous furent remises par IBM, constructeur et fournisseur de l'*operating system*, étaient rédigées en anglais technique, un jargon difficilement traduisible pour un non-initié.

Notre instructeur manquait d'expérience ; il ne paraissait pas lui-même bien formé. Il lisait la brochure et la traduisait, très approximativement. Nous commençâmes à étudier le 1401 IBM, aux dimensions d'un dinosaure, avec ses périphériques, notamment les spectaculaires lecteurs de bandes magnétiques. Son unité centrale ne comptait que quatre mille positions de mémoire. Sa lenteur d'exécution est inimaginable aujourd'hui, lorsqu'on la compare à la vitesse d'un *Personal Computer* (PC), simple ordinateur personnel. Après quelques exercices élémentaires d'élaboration d'ordino-grammes, l'instructeur nous proposa de résoudre des problèmes, de difficulté croissante. Nous pataugions dans la manœuvre des aiguillages : à quel moment les ouvrir et quand les fermer ? Un vrai casse-tête chinois ! Au cours d'un exercice particulièrement ardu j'eus soudain le déclic, l'étincelle, la révélation. Je me portai volontaire pour exposer au tableau une solution au problème qui nous avait été proposé. Je me surpris moi-même de tant d'audace. Je pris le bâton de craie et développai au tableau noir mon *ordinogramme*, devant toute la classe. Je m'en tirai haut la main.

Je n'avais pas fréquenté l'Université, ni aucune autre Grande Ecole. J'avais arrêté mes études en classe de troisième. Mon bagage se limitait à un bac moins 3. Je me trouvais en concurrence avec des ingénieurs sortis, eux, des Grandes Ecoles : Centrale, Supélec, Les Mines, Ponts et Chaussées, etc. La compétition était féroce. Mais je ne perdais pas confiance. Je pensais avoir les bonnes cartes en main : j'étais un battant, passionné, ambitieux, organisé ; j'avais le virus du travail, une compréhension rapide et une formidable motivation. Par chance, l'exercice de l'informatique ne nécessitait pas d'être agrégé en mathématiques. J'appris juste les notions mathématiques, nouvelles pour moi, du système binaire et de la théorie des ensembles. Je m'accrochais avec ténacité. Il y eut des défections. Certains candidats éprouvèrent des difficultés à suivre la logique informatique, bien qu'ils aient collectionné les diplômes. Après mon examen réussi sur 1401, je fus désigné pour suivre une formation sur le 7070, puis sur le 7090 d'IBM ; des machines de plus en plus sophistiquées et performantes, utilisant le *Cobol*, proche du langage humain, plus évolué que l'assembleur et que le langage machine, directement exécutable par l'ordinateur. Ayant réussi aux examens de fin de cours, je fus officiellement muté de GDF à EDF et affecté, à compter du 1er janvier 1961, au STI.

Mon lieu de travail était situé d'abord à Asnières, puis à Paris, à la Rue d'Aguesseau, pour finalement s'établir à Issy-les-Moulineaux.

Je m'épanouissais dans mon nouveau métier, qui me donnait des ailes. Je passais parfois de longues nuits au bureau, ou sur l'ordinateur. Je me déplaçais fréquemment pour le travail, en France et à l'étranger. J'eus le privilège d'apporter ma contribution au démarrage de ce métier, au sein d'EDF-GDF, entreprises publiques. Je mesure ma chance, car il y a peu de gens qui ont la possibilité d'exercer le métier qui corresponde à ce qu'ils ont envie de faire. J'ai eu la passion de ce travail. Je m'y suis donné corps et âme, au prix d'efforts considérables, de stress et de rage de réussir. Mais si je me suis investi totalement dans mon métier, cela ne s'est pas fait au détriment de ma vie familiale. J'ai toujours été présent auprès d'elle. A ma cessation d'activité, j'ai reçu, en récompense de quarante-quatre années de bons et loyaux services, civils et militaires, accomplis dans le devoir et l'honneur, les Médailles d'Honneur du Travail, attribuées par EDF, (à l'échelon *Grand Or*) et par le Préfet, Commissaire de la République des Hauts-de-Seine. Une réception a eu lieu à la Mairie de Vanves, pour la remise des médailles et des diplômes.

En Tunisie, j'avais pris l'habitude de cumuler diverses activités. J'avais connu, dans mon enfance, des années de misère, je tenais à en préserver les miens. J'avais une famille nombreuse à nourrir. Cela représentait une astreinte sérieuse. Je continuai, en France, à rechercher des petits boulots pour arrondir mes fins de mois. C'est ainsi qu'un jour, je reçus, sur mon lieu de travail, la visite d'une personne qui envisageait d'ouvrir une école privée d'informatique. Je ne sais pas qui lui avait avancé mon nom. Il me proposa de signer un contrat, par lequel je m'engageais à rédiger un manuel d'informatique par *enseignement programmé*. C'était la dernière mode du moment. La rémunération de ce travail dépendait du temps que j'allais y consacrer. J'acceptai cette entreprise, nouvelle pour moi, et m'y attelai avec beaucoup d'intérêt. Je rendais ma copie au fur et à mesure de l'avancement de mon travail et je touchais des acomptes, à valoir sur le règlement définitif. Une fois le travail mené à bonne fin et, semble-t-il, apprécié par mon commanditaire, j'encaissai les honoraires convenus. J'ignore quel usage a été fait de cet ouvrage, et si l'école a été ouverte.

Je rencontrai évidemment de l'antisémitisme au sein de l'entreprise. En voici un exemple édifiant : à mon arrivée dans le Service, je partageais mon bureau avec deux collègues programmeurs, tous les deux prénommés Robert. Un jour, Robert V. demanda à Robert D. :

- *Passe-moi une cibiche* (en argot une cigarette)
- *Va t'en acheter* !
- *Allez, sois pas youpin* !

A ces mots, je poussai un coup de gueule, prêt à lui voler dans les plumes et lui faire avaler sa langue. Il fut très surpris de ma réaction.

- *Tu retires ça ou je te f. mon poing sur la g.*
- *Parce qu'en plus, tu es Juif* ?
- *En plus de quoi* ?

En ce temps-là, je l'ai dit, les rapatriés d'Afrique du Nord n'étaient pas en odeur de sainteté auprès des Français de la Métropole. Alors, Juif en plus ? Là-dessus, mi-figue, mi-raisin, Robert V., habitant La Courneuve - il se reconnaîtra si par hasard il lisait ce texte - s'excusa et s'en tira, hypocritement, par une pirouette. Ce Tartuffe m'expliqua qu'il n'était pas antisémite, que le mot *youpin* faisait partie des expressions courantes, sans y voir forcément une connotation antisémite. C'était simplement une fâcheuse dérive du langage, habitude qui véhicule et banalise le préjugé selon lequel le Juif est avare. En tous cas les termes *youpin* et *youtre* n'ont plus été prononcés en ma présence.

Ayant donc changé de Service, je fus prié de libérer le logement de Saint-Denis qui appartenait à la DGPBP. Le vieux pavillon n'allait d'ailleurs pas tarder à être démoli, après que nous l'ayons quitté. Je m'adressai à mon nouveau patron afin d'obtenir un logement décent pour la famille, qui s'était, entre temps, agrandie par la naissance d'Odile. Je lui présentai l'avis d'expulsion que j'avais reçu de mon ancien employeur. Je déclinai plusieurs propositions d'habitat dans de grands ensembles, situés dans des banlieues en voie de développement, lointaines, isolées et sans facilités de transport. N'ayant pas de voiture, je voulais être proche de Paris. Aussi, pour des raisons de commodité de vie juive, je voulais habiter à proximité des boucheries, épiceries et boutiques casher ainsi que des lieux de culte. Je voulais également avoir le choix des établissements scolaires. Je voyais loin et pensais déjà aux études supérieures de mes enfants, dans les meilleures Grandes Ecoles. Encouragé par leurs excellents résultats, je rêvais de les voir devenir des hommes d'élite dans leur génération.

Le STI ayant été transféré d'Asnières à la rue d'Aguesseau, à Paris, le Service dût reloger de nombreux agents pour les rapprocher de leur lieu de travail. J'étais du nombre. Voilà comment nous sommes arrivés le 1er avril 1963, à Vanves, une commune de la proche banlieue de Paris, Département des Hauts de Seine, au 10 de la rue Louis Vicat, dans un grand immeuble dont la construction venait d'être achevée. Vanves était alors une petite ville pavillonnaire de vingt-cinq mille habitants environ. Des roulottes de gitans étaient installées à proximité de vieux pavillons délabrés. Le périphérique était encore en chantier. Le Service du logement d'EDF m'assura que Vanves, alors en pleine transformation, allait rapidement devenir une ville résidentielle. Elle l'est devenue, en effet.... vingt ans plus tard. Après ma mise en inactivité de services, je fus dans l'obligation de libérer ce logement, réservé à des cadres mutés. Je fis donc l'acquisition de notre logement actuel en avril 1985. Nous l'avons choisi à proximité de l'ancien logement car nous nous sommes attachés à la Commune de Vanves.

Je devenais, ainsi, pour la première fois, propriétaire d'un appartement, marquant ma montée dans l'échelle sociale.

Nous passions nos vacances dans des camps de toile, appartenant à la Caisse d'Action Sociale (CAS) de l'entreprise. Pour nous y rendre nous prenions un train de nuit, tiré par une locomotive à vapeur. Nous réservions des couchettes. La fumée noire que dégageait la locomotive pénétrait dans les compartiments et nous incommodait. Des escarbilles pénétraient parfois dans nos yeux, nous faisant horriblement souffrir. Pour coucher Odile, nous suspendions un hamac entre les porte-bagages. Arrivés à la gare de Marseille, nous prenions la correspondance à destination des villages de toile : Agay, Fréjus, Saint-Raphaël ou Cavalaire. Nous adorions faire du camping. Parfois, nous séjournions un jour ou deux à Marseille, chez ma tante Rachel et mes cousins Michel et Emma. Dans ces lieux de villégiature de la Côte d'Azur, la mer était, bien sûr, notre principale distraction. Je passais des heures sous un soleil de plomb à construire des châteaux de sable pour mes polissons qui s'empressaient de les piétiner, quand ce n'était pas la vague qui, à leur plus grande joie, se chargeait de les démolir. C'était avec un immense plaisir que je les voyais s'ébattre dans l'eau, jouer au ballon ou à la pétanque. Leurs joues prenaient des couleurs. Ils rayonnaient de bonheur. Avec eux, je retrouvais mon âme d'enfant. Le seul inconvénient du camping, en Provence, c'était la stridulation des cigales qui nous empêchait de dormir.

Israël était notre autre destination principale, pour les vacances d'été. Nous y allions régulièrement passer deux ou trois semaines, pour visiter la famille qui nous accueillait avec joie. Au début nous dormions à plusieurs sur des matelas de fortune, posés à même le sol. Lorsque j'eus plus de moyens, nous avons fréquenté les hôtels touristiques du bord de mer, sur la *tayélète*, la croisette de la ville de Tel-Aviv, entièrement bâtie sur du sable. Dans les années soixante, on entendait parler couramment le djudezmo, le long de la corniche de Bat-Yam ; aujourd'hui ce sont les Russes qui y déambulent et parlent leur langue slave. Les jeunes Russes ont du mal à se mettre à l'hébreu ; ils continuent de converser en russe, malgré plusieurs années de présence dans le pays. Les enseignes des magasins sont rédigées en russe, à côté de l'hébreu.

Israël était sur le point de connaître une crise grave. Le président égyptien, le colonel Gamal Abdel Nasser, envisageait, en regroupant l'Egypte et la Syrie dans une alliance et en fondant la République Arabe Unie (RAU), de damer le pion à l'Etat d'Israël, dont les Arabes refusaient, obstinément, de reconnaître l'existence. Ayant reçu un armement considérable, ainsi que des centaines de conseillers militaires de l'Union Soviétique, Nasser s'était senti assez puissant pour battre Israël. Début mai 1967, il envoya ses blindés, aux frontières israélo-égyptiennes, enjoignant aux Forces d'observation de l'ONU, les Casques Bleus, qui étaient stationnés depuis la fin de la guerre de 1956 le long de la frontière du Sinaï, de se retirer pour y placer ses troupes. Il fit fermer le détroit de

Tiran, seule entrée de la Mer Rouge vers le port d'Eilat aux navires battant pavillon israélien. Ce blocus constituait un *casus belli*, un motif de guerre. Isolé, Israël avait le dos au mur. Il savait que s'il était attaqué et mis en danger, aucune puissance ne viendrait à son secours et que, s'il perdait une guerre, l'Etat juif disparaîtrait de la carte et son peuple serait exterminé, dans l'indifférence générale des nations, comme au temps de la Shoah. Le peuple juif dans son ensemble, y compris la frange des Juifs les plus déjudaïsés, voyait se rouvrir les cicatrices de la Shoah et vivait un des pires moments d'angoisse de son Histoire. La disparition de l'Etat d'Israël signifierait la disparition des Juifs en tant que peuple. Nous nous sentions tous concernés par l'existence de l'Etat d'Israël. Devant la menace d'une nouvelle extermination, les Juifs se mobilisèrent. Des défilés furent organisés dans les rues pour appeler notre gouvernement à intervenir, afin de freiner l'ardeur belliqueuse de Nasser. Chaque famille juive avait au moins un des siens vivant en Israël. Mes frères, qui avaient déjà participé aux conflits antérieurs, étaient à nouveau mobilisés.

J'ai demandé à être reçu par le député Guy Ducolonne à qui je fis part de mon incompréhension et de mon inquiétude à propos de la politique soviétique, si violemment antisémite et anti-israélienne. Il me répondit qu'Israël ne courait aucun risque, que l'URSS ne laisserait pas détruire l'Etat juif et que lui n'était pas antisémite ; pour preuve : son épouse était juive. Je ne ressortis pas rassuré de cet entretien. Toutes les possibilités d'action politique, tant à l'ONU qu'auprès des grandes puissances, étaient épuisées. Israël, dont l'existence était menacée, lança alors une attaque préventive contre la coalition des pays arabes, pour éloigner le péril de sa disparition. Le 5 juin 1967, l'aviation égyptienne était complètement détruite au sol.

Dans les jours qui suivirent, les blindés israéliens attaquèrent les Egyptiens au sud, prirent Gaza (à l'époque territoire occupé par l'Egypte) et atteignirent Sharm-el-Sheikh. Ils occupèrent tout le Sinaï jusqu'aux rives du Canal de Suez. Les parachutistes israéliens investirent le quartier arabe de la ville de Jérusalem, enfin réunifiée ; ce fut un moment d'intense émotion pour tout le monde juif. Durant l'occupation jordanienne de Jérusalem et de la Judée-Samarie, il était interdit aux Juifs de prier devant le *kotel*, le mur occidental de l'ancien Temple, détruit par Nabuchodonosor, ainsi que dans tous les autres lieux saints du judaïsme. Aucune voix ne s'était élevée pour protester.

Les Palestiniens n'avaient jamais lutté contre les dominations successives, ottomane,

270

britannique, jordanienne ou égyptienne, pour obtenir leur indépendance. Seule la libération des territoires de Judée-Samarie par Israël réveilla leur nationalisme. Dès lors ils visèrent la destruction de l'Etat d'Israël. Ces territoires une fois libérés, les Israéliens attaquèrent les Syriens et, après des combats acharnés, s'assurèrent le contrôle du Golan. Damas même fut menacée. Si les Israéliens et les Juifs étaient soulagés, c'était la consternation et l'humiliation, (terme souvent employé pour expliquer, sinon justifier, les attaques terroristes) du côté arabe. Les Etats-Unis et l'Unions soviétique intervinrent alors pour faire cesser les combats.

Ces moments d'intense émotion ont ravivé mon désir, profondément ancré, de réaliser mon *alyah*. Dans ce but, je remplis un épais dossier d'*oleh hadash*, nouvel immigrant, que je portai à M. Libermann, le délégué de la *Sohnout*, l'Agence Juive pour Israël, à Paris. Ce dernier m'assura que les informaticiens étaient très recherchés en Israël et que ma candidature serait hautement appréciée. Il transmettait mon dossier, sans tarder, à Jérusalem. Quelques semaines plus tard, n'ayant pas reçu de réponse, je relançais M. Libermann qui parut surpris. Il donna, en ma présence, un coup de téléphone à Jérusalem ; on lui apprit que mon dossier avait été égaré (?). M. Libermann se montra désolé ; il me demanda de constituer un nouveau dossier qu'il allait transmettre par la valise diplomatique, m'assura-t-il. Je m'exécutais. De longues semaines étant passées sans nouvelles, je contactais à nouveau M. Libermann, qui ne comprenait pas. En désespoir de cause, il me conseilla de me rendre personnellement à Jérusalem, au siège de la *Sohnout*, muni d'une lettre de recommandation, pour dénouer l'affaire sur place.

Au siège de la *Sohnout*, à Jérusalem, je me heurtai à l'incompréhension du responsable de cette institution qui s'étonnait que la *Patwa*, un service spécial créé à Paris auprès de l'Agence Juive et chargé du recrutement des immigrants exerçant une spécialité, n'ait pas traité mon dossier sur place. J'eus l'impression qu'on me tournait en bourrique. Devant mon irritation, ce responsable essaya de m'aider. Il me remit une lettre de recommandation, encore une, destinée au Chef du personnel de la *Hevrat ha hachmal*, la compagnie d'électricité de Haïfa, où je me rendis. Le directeur de cette compagnie me proposa, sur le champ, un emploi de programmeur à occuper, *à l'essai*, le dimanche suivant le jour de ma visite. Il me précisait, sans état d'âme, que cet emploi ne saurait m'être garanti s'il n'était pas pourvu immédiatement. Il m'informait, par ailleurs, que je devais me débrouiller seul pour trouver un logement. Selon ce *ménahel*, ce dirigeant, je devais, du jour au lendemain, quitter mon emploi en France, sans donner de préavis, sans organiser mon *alyah*, sans l'assurance d'avoir un emploi stable qui me permettrait de poursuivre ma carrière dans ma spécialité prétendument *hautement appréciée*, et interrompre la scolarité de mes enfants.

Au même moment, de nouveaux immigrants arrivant de l'Europe de l'Est étaient pris en charge et logés dans des immeubles dits pour *académaï*, soi-disant universitaires. Bon nombre de ces *olim* avaient acheté leurs diplômes de pacotille dans leur pays d'origine. J'étais scandalisé, écœuré. J'adressai mes doléances à Maître Narboni, ex-président de la Fédération sioniste d'Algérie et *ombudsman*, chargé de la communication avec les nouveaux immigrants. Je lui fis part de mon amertume. Dans sa réponse Maître Narboni ne niait pas que « *le népotisme est réel, ce qui peut se comprendre ; les gens en place cherchent à favoriser les immigrants ayant la même origine.* » Il ajoutait : « *Avec le temps les choses finiront par s'arranger.* » Il concluait : « *Je vous conseille de surseoir à votre alyah, jusqu'à ce que vos enfants obtiennent leur baccalauréat.* »

Or, lorsque Sarah eut son bac, les garçons, qui ont un écart d'âge important avec leur sœur, étaient déjà bien engagés dans leurs études supérieures qu'ils n'allaient pas interrompre. Je ne suis pas sûr que mes enfants auraient pu réussir aussi brillamment leur vie, s'ils avaient réalisé leur *alyah* à ce moment-là. Mon *alyah* était cette fois définitivement avortée. « *Gam zou lé tova,* cela est aussi pour leur bien »

Mais mon rêve avait germé dans l'esprit de ma fille. Une tendre complicité nous unissait alors. Nous entretenions de longues conversations. J'étais son confident, toujours présent et à son écoute. Odile était une adolescente inquiète. Je m'employais à la tranquilliser en lui expliquant qu'elle traversait naturellement les moments d'angoisse de l'adolescence. Je mettais en avant ses qualités, en espérant valoriser son estime de soi. C'est à peu près à cette époque qu'elle choisit de porter son deuxième prénom, Sarah. Elle était une très bonne élève au collège-lycée Michelet. En classe de première C (actuellement S), elle eut quelques difficultés en mathématiques. Je la soutins du mieux que je pus. Ses frères ne trouvaient jamais de temps à lui consacrer. Quand elle s'adressait à eux, elle essuyait leurs rebuffades. A la fin de l'année de première, ses professeurs conseillèrent de la changer d'orientation et de la faire passer en terminale D. Je préférais qu'elle ne changeât pas de filière. Je demandai au proviseur du lycée qu'il accepte son redoublement en 1re C. Ayant sauté une classe à l'école primaire et étant née un mois de novembre, Sarah avait près de deux ans d'avance sur ses camarades. Un redoublement d'une année ne pouvait pas avoir de graves conséquences. J'avais bon espoir qu'elle serait apte à passer en terminale C, l'année suivante. Ma demande fut satisfaite. Sarah rattrapa son handicap en math. Elle passa, l'année suivante, en terminale C et décrocha son bac. Lorsque j'allai voir le tableau des résultats, au lycée où elle avait passé ses examens, je ressentis une grande émotion à voir son nom parmi les reçus.

Ce succès néanmoins ne suffit pas à lui rendre confiance en elle. Elle voulait changer d'air. Israël l'attirait. Etant opposé à son départ, je lui suggérai, pour gagner du temps, d'entamer une année à l'université de Paris-Dauphine, où elle avait été admise, pour suivre des études de gestion. Elle donnerait suite à son projet d'*alyah* si ça ne marchait pas. Elle semblait s'être rendue à mon raisonnement, mais préféra entamer des études d'ingénieur à l'Ecole Polytechnique Féminine (EPF), une Grande Ecole très cotée, réservée aux filles.

Elle haït l'année passée à l'EPF. Elle refusa de poursuivre. Elle était déterminée à partir. J'essayai de l'encourager à terminer son cycle

275

d'études supérieures ; il ne lui restait plus que deux ans à finir, pour décrocher un diplôme d'ingénieur. Je m'épuisais à lui faire entendre raison mais, il n'y avait rien à faire. Dans la disposition d'esprit où elle se trouvait, aucun raisonnement ne pouvait lui faire changer d'idée.

Comment empêcher mon enfant adorée, que je sentais si fragile, de quitter le foyer familial, vers je ne sais quelle aventure ? Comme tous les membres de la famille, Sarah a une forte personnalité. Son entêtement me plongea dans le plus profond désarroi. J'étais persuadé qu'en décidant de partir au loin, vers un avenir incertain, elle allait droit dans le mur. Plus que par idéal sioniste, son départ était inhérent à l'âge ingrat, difficile, vulnérable de l'adolescence. J'avais, en plus, à faire face à une coalition formée de sa mère, qui s'était résignée à ce départ, et de ses frères qui, désirant eux-mêmes ardemment faire leur *alyah*, encourageaient leur sœur à partir, vivant ainsi leur *alyah* par procuration. Eux ont eu la sagesse de terminer leurs études avant toute décision. Sarah était majeure. A partir de leur majorité, les enfants échappent à leurs parents. Je n'avais plus le pouvoir de contrôler sa vie. Sarah éprouvait le besoin impératif de couper le cordon ombilical. Je conviens que j'avais inculqué et transmis à mes enfants l'amour du judaïsme et d'Israël. J'étais, en

276

quelque sorte, responsable de leur désir d'aller vivre au pays de mes rêves.

Sarah avait pris des cours de langue hébraïque au Lycée Buffon, en externe. Quand sa décision de partir a été définitive, nous nous sommes exercés à parler l'hébreu ensemble. Elle se débrouillait bien. Elle était fortement motivée.

Je fus, la mort dans l'âme, acculé à céder et accepter de la voir partir. Je ressentis son départ comme un déchirement, un coup de poignard reçu en plein cœur. Quelque chose s'était brisé en moi. J'allais vivre une période de profond chagrin et d'énorme angoisse. Cette cicatrice ne s'est jamais refermée. Je l'accompagnai dans ses premiers pas en Israël. Je l'installai dans la résidence de la toute nouvelle et belle Université Ben Gourion, à Beer-Shéva. Elle partageait un petit appartement avec une *room-mate* sympathique, d'origine marocaine. Elle se prépara, d'arrache-pied, à son admission au Technion, l'Ecole polytechnique de Haïfa ; son expérience passée lui ayant été validée, elle fit son entrée dans cette prestigieuse Grande Ecole. Haïfa est bâtie à flanc de coteau. Le campus était situé sur les hauteurs du Mont Carmel. La vue sur la baie était belle à couper le souffle. Je dois reconnaître que, comme elle me l'avait promis, Sarah travailla sans relâche pour réussir ses études.

Elle obtint son diplôme d'Ingénieur. Avec ce titre s'est accompli, grâce à **D.**, mon rêve de voir mes trois enfants réussir leurs études supérieures. Je me sentais valorisé par leur succès.

Pendant toute la durée de ses études, nous passions de longues heures à nous parler au téléphone, une ou deux fois par semaine. Je lui rendais régulièrement visite au campus de ce bel établissement, organisé à la façon américaine et où elle partageait une chambre avec une nouvelle room-mate. Comme elle n'avait pas le temps de se préparer elle-même à manger, elle ne se nourrissait, à longueur d'année, que de salades et de *falafel*, sandwich fait d'une *pita*, un pain arabe, fourré de boulettes de pois-chiches frites et de salades variées. Quand j'étais présent, je lui accommodais et lui servais de bons petits plats mijotés, plus consistants que les *falafels*. J'aimais faire la cuisine et la régaler.

Munie du diplôme du Technion, elle s'est mise à la recherche d'un emploi. En Israël, elle ne trouvait pas de travail correspondant à sa formation. Comme il fallait démarrer dans la vie professionnelle, elle acceptait ce qu'on lui offrait, changeant d'employeur chaque fois qu'elle trouvait un job plus rémunérateur.

Elle rencontra Amir au cours d'une sortie organisée par les anciens étudiants de l'université de Tel-Aviv. Amir était aussi ingénieur du Technion. Il vint à Paris nous demander la main de Sarah.

Le jour où j'accompagnai ma fille sous la *houpa*, fut le plus beau moment de ma vie, un moment rare de bonheur. J'étais ému et fier de voir ma fille chérie dans sa superbe robe de mariée. La fête au *Beit Asia*, la maison de l'Asie, un très beau salon, à Tel-Aviv, fut très réussie, en présence de toute ma famille de France et d'Israël. J'aurais difficilement imaginé, ce jour-là, qu'elle se séparerait, quatre ans après son mariage, trois mois à peine après la naissance d'Ilaï, Yovel, son aîné, étant âgé de deux ans et demi.

Suite à un contrat de travail à Paris qu'une société israélienne proposa à Amir, le couple vint s'installer dans la capitale. Sarah avait épousé Amir, un *sabra* (né en Israël) dont la famille d'origine allemande avait quitté Berlin en 1933 pour fuir le nazisme. De cultures diamétralement opposées, Sarah et Amir n'avaient pas grandi dans le même milieu social, ni fréquenté les mêmes écoles, avant de se rencontrer à Tel-Aviv. Ils ne partageaient pas les mêmes valeurs cultuelles et culturelles. Malgré ses promesses de faire des concessions, notamment en matière du respect de la tradition juive, Amir ne tint pas parole. Les relations du couple se sont vite détériorées. Les altercations étant fréquentes, le divorce devenait inévitable. Un beau jour, Amir prit ses cliques et ses claques et repartit vivre en Israël, sans état d'âme, décidant de couper les ponts avec sa petite famille, se privant de ses enfants, ne se préoccupant plus de leur devenir. Il choisit le parti de l'abandon de famille.

Marco reçut son bac en 1975. Il intégra la classe préparatoire d'ingénieurs au Lycée Louis Le Grand A la fin de l'année de mathématiques spéciales, il présenta les concours d'entrée aux Grandes Ecoles. Il fut admissible à l'Ecole des Mines mais recalé à l'oral. L'année suivante, il intégrait l'Ecole Centrale de Lyon. Parallèlement à sa préparation au diplôme d'ingénieur de centrale, il obtint une licence de physique et une licence de mathématiques.

Comme Israël le tentait tout autant que sa sœur, il effectua son premier stage de trois mois au Département de physique du Technion d'Haïfa. Mais son diplôme d'ingénieur en poche, Marco allait tenter une nouvelle expérience : il poursuivit ses études aux Etats-Unis, à l'Université Californienne de Los Angeles (UCLA), où il décrocha, en 1980, le Master of Arts on mathematics (MA), en mathématiques appliquées. Son départ fut un bouleversement dans notre vie.

Pour la première année de préparation au Master, il bénéficia d'une bourse offerte par l'Académie Française. Il se prit en charge lui-même, les années suivantes, en exerçant divers jobs à temps partiel : chercheur au centre scientifique d'IBM, professeur de mathématiques à la Northrop University, puis au LEE College, professeur en informatique à l'UCLA. Je participai à ses frais d'études jusqu'à l'obtention de son diplôme de Ph.D (doctorat en mathématiques appliquées en mécanique des fluides). Marco a publié divers ouvrages dans ce domaine.

Il revint en France pour accomplir son Service militaire qu'il effectua en Israël, au titre de la coopération scientifique franco-israélienne, pendant une période de dix-huit mois, en 1981-1982. Il fut affecté comme ingénieur chercheur en énergie solaire et nommé sous-directeur à l'Institut de recherche du désert, à Sdé-Boker. C'est pendant son séjour en Israël qu'il fit la connaissance d'Ethel, qui allait devenir son épouse. Marco nous présenta Ethel, dont il s'était épris, à une période où Dina et moi nous trouvions de passage en Israël.

Ethel est brésilienne. Elle habitait à Rio de Janeiro. Elle était venue faire un stage de psychologie, à l'Université de Jérusalem. Après son service militaire en Israël, Marco envisagea de reprendre ses études aux USA. Tout cela paraît compliqué, mais la destinée avait frappé à sa porte. Marco retourna à l'UCLA pour y poursuivre ses études ; il obtint son diplôme de Ph.D, doctorat en mathématiques appliquées, en 1987. Ethel le rejoignit à Los Angeles. Elle prépara, dans la même université, l'UCLA, un Master en psychologie.

Ils se marièrent le 25 août 1984 à Rio. Toute la famille se rendit au Brésil pour assister à la noce. Les parents d'Ethel appartiennent à la bourgeoisie ashkénaze de Rio : Moysès, le père, est professeur en parodontologie. Son épouse Rachel, architecte de formation, n'exerce pas son métier. Elle avait dessiné les plans de leur belle résidence secondaire, une maison pleine de charme construite en pleine nature, à Teresopolis, dans les hauteurs de Rio. La cérémonie du mariage, célébrée à Rio de Janeiro, fut grandiose. Les parents d'Ethel qui avaient assisté, l'année précédente, à Paris, au mariage de Daniel et Babette, avaient noté tous les détails de la cérémonie. Ils s'en étaient inspirés pour organiser la noce d'Ethel et Marco à l'identique.

Le premier emploi important de Marco fut celui de chercheur dans la société *Bellcore*, un laboratoire de recherche d'*AT&T*, dans le New-Jersey. Il démissionna de cette société pour retrouver sa chère Californie, où le climat est nettement plus agréable qu'à New York. Il se porta candidat pour un poste de *senior-manager* dans une des plus grandes sociétés américaines, *CISCO Systems*, premier constructeur mondial d'équipements de réseaux internet, dans la Silicon Valley, où il a été recruté. La famille s'est alors établie à Palo Alto, proche de l'Université de Stanford.

Après avoir obtenu son bac en 1974, Daniel, quant à lui, entama des études de médecine. Il obtint le diplôme de généraliste. Son sursis d'incorporation étant échu, il fut appelé au service militaire qu'il accomplit dans la marine, au Havre, au milieu de ses études. A l'issue de son service, Daniel retourna à la fac de médecine et y termina ses études d'ophtalmologie. Il choisit cette spécialité, après avoir hésité entre pédiatrie et cardiologie, parce qu'elle offrait plus de débouchés. Les ophtalmologistes étaient rares. J'assistai à la soutenance de sa thèse de doctorat, à l'Ecole de médecine. Daniel remplaça le traditionnel Serment d'Hippocrate, que prêtent les médecins présentant leur thèse, par la profession de foi de Maïmonide, acceptée par les examinateurs. Le professeur Jacob, prix Nobel, assistait, le même jour, à la présentation de thèse de son fils. Je me sentais fier d'être en si bonne compagnie.

Daniel avait un fort désir de paternité ; il était mûr pour fonder une famille avant d'avoir terminé ses études de médecine, qui sont très longues. Il avait rencontré Elisabeth dans une soirée, en milieu juif. Ils se sont aimés, fiancés et assez rapidement mariés, le 4 septembre 1983. Babette, Batshéva en hébreu, est secrétaire à l'UNESCO. Nous les avons hébergés, pendant les premières années de leur vie commune, leur prêtant une chambre indépendante. A la fin des études de Daniel, le couple choisit de s'installer à Vanves. Originale rencontre : nous fîmes la connaissance des parents de Babette, Annette et Henri, dans un avion d'El Al, au retour d'un voyage en Israël. D'origine ashkénaze, de parents polonais et roumain, tous les deux sont nés à Paris. Ils n'ont pas été épargnés par la Shoah : la mère et les deux jeunes sœurs d'Annette et d'autres membres de leur famille, ne sont pas revenues de déportation. Annette et Henri ont été des enfants cachés.

Marco et Daniel avaient, plus ou moins, flirté avec des filles non juives. C'était contraire à l'éducation traditionaliste qu'ils avaient reçue. Ils étaient, bien sûr, libres de convoler à leur guise.

J'ai, cependant, toujours souhaité, en mon for intérieur, que mes enfants évitent la mixité, non pas par ressentiment envers les non-Juifs, mais par souci de les voir construire une vie harmonieuse, fondée sur des bases solides, conformes à nos coutumes. Mon vœu a été exaucé : mes trois enfants ont fondé des foyers juifs.

Le temps passant, les enfants grandirent et devinrent plus ou moins autonomes ; dans mon travail je parvins au top de mes espérances, sans plus d'espoir d'avancement compte tenu de mon faible niveau d'études ; je commençais donc à lever un peu le pied ; mon rêve d'*alyah* s'était écroulé, suite à l'incurie de la *Sohnout* ; je suis resté, à mon corps défendant, dans la *galouth*, l'exil. Après m'être investi, corps et âme, dans mon métier et dans l'éducation de mes enfants, je sentais un besoin impératif de me rendre utile autrement, d'agir pour le bon combat, d'œuvrer avec dévouement au service de nos valeurs culturelles. Je voulais m'épanouir dans une nouvelle vie, m'intéresser aux autres.

Je n'avais pas trouvé de communauté juive organisée, en arrivant à Vanves. Je voulais fonder une association loi 1901, mais je ne connaissais pas les Juifs résidant ici, ni quelle était leur importance. En allant chercher les enfants à l'école, je fis la connaissance d'Emma et de Sylvain Sassoun Azoulay. Ils m'apprirent que, employé de Mairie à Vanves, Ange Halimi, qui connaissait toutes les familles juives de la commune, venait justement de déposer les statuts d'une association loi 1901. Il ne m'avait pas contacté, ignorant que j'étais Juif.

J'entrai aussitôt en rapport avec lui. Nous nous rencontrâmes et nous mîmes d'accord sur des objectifs convergents, à savoir : la réunion des familles juives de Vanves, la défense de nos intérêts cultuels et culturels, la construction d'une synagogue, le développement des études juives pour assurer le rayonnement du judaïsme, l'expression de notre solidarité pour le bien commun du peuple juif, en quelque lieu où il se trouve et où il doit faire face à des problèmes, la vigilance permanente et la mobilisation contre l'antisémitisme, l'action pour soutenir Israël dans sa lutte pour sa survie et, enfin, œuvrer pour créer, à moyen terme, un jumelage entre notre commune et une ville israélienne d'égale importance. C'est ainsi que naquit l'Association Culturelle de la Communauté Juive de Vanves (ACCIV).

Notre démarche et notre ambition étaient partagées par d'autres familles, de différentes origines, désireuses de participer, unies, à cet engagement : des familles originaires d'Algérie, de Tunisie, un Gréco-Chilien ayant vécu un temps en

Israël, des Juifs de Belleville d'origine polonaise : un véritable melting-pot ! Les Juifs marocains arriveront plus tard.

Nous tînmes notre première réunion officielle dans une salle du Tribunal d'Instance de Vanves. Le premier bureau fut formé. Aux élections de l'année suivante, je fus élu, avec la double casquette de vice-président et de secrétaire.

Nous sollicitâmes en priorité du maire André Roche un local. Il nous accorda, sans difficulté, un cagibi situé dans le sous-sol du bâtiment de la mairie. M. Orillard, son successeur à la tête de la mairie, mettra à notre disposition le pavillon de l'avenue Victor Hugo, puis, M. Janvier le local actuel, situé Square Jarousse. Depuis la création de l'ACCIV, nous avons établi des liens serrés avec tous les édiles qui se sont succédés à la mairie de Vanves et, plus spécialement, avec le maire actuel, Bernard Gauducheau.

Le directeur de l'Ecole du Centre, au 28 rue Fratacci, nous permit d'utiliser une salle de classe pour y enseigner l'hébreu. J'y assurai personnellement les cours du *Talmud Torah*, et un autre membre de l'association se chargea des cours d'hébreu moderne.

Nous organisâmes d'emblée la célébration des fêtes du calendrier juif. Le samedi 10 décembre

1977, une Soirée cabaret célébra *Hanouccah* ; le 22 janvier 1978, une Soirée-Rencontres marqua *Tou-bichvat* (autrement appelée *Rosh ha shanah léilanoth*, le jour de l'an des arbres), avec dégustation des beaux fruits apportés par un membre ; le 26 mars 1978, eut lieu un Grand bal de *Pourim*. Des soirées pour *Pessah*, le 1er mai et le *Yom ha Hatsmaouth*, le 14 mai, suivirent. La cérémonie de ces fêtes s'est perpétuée ; elles sont, chaque année, régulièrement assurées.

Nous mîmes sur pied un Club du Troisième âge, dont le vestiaire était en faveur des enfants déshérités d'Israël. Les jeunes préparèrent de leur côté une visite au Musée d'art juif ; plusieurs soirées dansantes furent organisées et animées par Daniel et Marco, à mon domicile. Une escapade d'un week-end à Amsterdam, fut confiée à la responsabilité de Daniel.

Je lançai l'idée d'organiser les offices de *Tichri* à Vanves, mais, en raison des habitudes prises par les uns et les autres qui fréquentaient d'autres lieux de prière : aux Tournelles, à Montrouge, à Vercingétorix, à Issy-les-Moulineaux (c'était mon cas) ou à Chasseloup-Laubat (où officiaient mes enfants), il y eut des tiraillements. Je défendais âprement le projet. Le Bureau se rallia finalement, non sans réticences, à notre objectif d'œuvrer pour la création, à moyen terme, d'un lieu de prière à Vanves.

Je voulais que l'action de l'ACCIV ne se limite pas à célébrer des fêtes ; je souhaitais que notre communauté fasse entendre sa voix, s'implique et défende nos intérêts, dans les domaines touchant notre identité, notre sécurité et celle de l'Etat d'Israël. A cet effet, je demandai une audience à M. Ducolonne, député des Hauts-de-Seine, pour lui manifester notre désaccord sur le non-respect, par la France, de la loi anti-boycott d'Israël ; ma demande d'audience est restée sans réponse.

C'est par lui que je fus reçu à la veille de la guerre des Six Jours, lui qui m'assura que l'URSS ne laisserait jamais détruire Israël. Mais Le PC était et reste hostile à Israël. Notre action politique ne se démentira pas, par le biais d'interventions diverses auprès des directeurs de radios, de journaux, et auprès des hommes politiques, pour leur exprimer notre mécontentement sur la manière dont ils traitaient le conflit israélo-arabe, en s'opposant systématiquement à l'Etat juif. Je dois dire que mes collègues n'étaient pas très favorables à une intervention sur le plan politique.

Je souhaitais créer un bulletin de liaison, de propositions, de dialogue et d'échanges avec l'ensemble des membres de la communauté. L'idée n'avait enchanté personne, mais personne ne s'y était opposé, à la condition que j'en prenne seul la charge. J'acceptai. C'est ainsi que je fondai *ACCIV-CONTACT*, à vocation éducative, pédagogique et ludique. Le premier numéro parut le 1er Kislev 5738, correspondant au 11 novembre 1977. J'avais mis, en exergue du bulletin, la sentence de Hillel : « *Ne t'éloigne pas de ta communauté.* » Ce premier numéro, ainsi que les suivants, furent rédigés presque entièrement par moi-même, dactylographiés conjointement par mon épouse Dina et par Marthe Chemla, photocopiés, reliés, mis sous pli et souvent portés à domicile, par mes soins.

Dans un des derniers numéros d'*ACCIV-CONTACT*, je récusais le souhait exprimé par M. B, un membre de l'Association, par ailleurs conseiller municipal, qui préconisait l'adhésion d'amis non-Juifs à notre association ; ce souhait était en totale contradiction avec nos objectifs, très clairement définis dans nos statuts. M. B, dont je n'avais pas cité le nom dans le journal, se reconnut et manifesta son mécontentement. Il fut soutenu par quelques membres du bureau, qui prétendaient vouloir censurer le bulletin avant sa parution. Je ne l'acceptai pas. Faute d'encouragements et de soutien du Conseil, je fus contraint de laisser tomber le bulletin, après la parution du numéro 13. Nombre fatidique ?

Il m'a été reproché de voir trop grand pour une si petite communauté. S'il est vrai qu'au départ notre groupe n'était pas très important, nous avions l'espoir de voir l'association grandir et se développer. J'avais convaincu des amis, demeurant à proximité de Vanves, de rejoindre l'ACCIV. Lorsque je vois ce que l'ACCIV est devenue aujourd'hui, j'en éprouve une grande satisfaction et une certaine fierté. Les événements m'ont donné raison, notre association dépasse aujourd'hui le cap des cent soixante familles, dont certaines sont domiciliées aux environs de Vanves.

Mais des frictions commençaient à apparaître au sein du Bureau. L'absence de règles établies engendrait des conflits. Soucieux d'éviter des escarmouches, prélude à des conflits plus sérieux, je m'attelai à la rédaction d'un Règlement Intérieur, définissant les règles pour l'élection des membres de l'association, la composition et le rôle du Conseil et du bureau, le fonctionnement, les missions, les rôles et les prérogatives de chacun, la limite des responsabilités.

Pour qu'un projet soit viable, il faut en formuler clairement le but, définir le type d'actions à mener, déterminer les priorités, planifier les projets, prévoir le budget, et désigner le responsable. J'avais eu, dans mon activité professionnelle, un rôle d'organisation et d'encadrement d'une équipe d'analystes. J'essayai de mettre mon expérience au service de la communauté en lui appliquant les méthodes d'ordre et de travail apprises dans mon métier, car il ne suffit pas d'être administrateur bénévole pour savoir guider un groupe de personnes. Militant de conviction, très engagé, je n'ai aucun penchant pour les honneurs. Je ne visais pas un titre de notable dans la communauté. Je n'avais d'autre souci que l'efficacité dans notre action. Je n'ai pas été bien compris.

Les premiers *chabbatoth* furent finalement organisés dans le sous-sol de la mairie. Les offices du vendredi soir étaient dirigés par Daniel. Il sera relayé par Yossi Gawer, dont les parents sont venus grossir nos rangs après avoir quitté la synagogue de la rue Vercingétorix, à Paris XIVe, où ils officiaient auparavant. La salle Michel-Ange nous était réservée pour les fêtes de Tichri. Abitbol, un jeune étudiant, assura pendant un certain temps le rôle de *chaliah tsibour*, lecteur du *Sefer Torah*.

C'était parmi les jeunes que je me sentais le mieux. J'organisai et animai plusieurs diners-débats

Spécial jeunes autour de différents thèmes. Ces réunions étaient suivies avec passion par les participants qui, tout en étant encadrés, avaient seuls la parole. Voici quelques exemples de thèmes traités : *Le jeune Juif et son engagement ; La Charte palestinienne ; Le mariage mixte ; Y a-t-il un avenir pour les Juifs en France ? ; Contre l'antisémitisme, la alyah est-elle une solution ?* Pour les aider à plancher sur les questions traitées, je leur procurais un éventail de documents exprimant différents points de vue. A chaque réunion, un participant était désigné pour en rédiger le compte-rendu qui était publié dans ACCIV-CONTACT. Alain Golomb était le jeune qui m'aura bluffé le plus par la pertinence de ses propos et la qualité rédactionnelle de ses rapports. Il poursuit aujourd'hui je crois une carrière littéraire.

La partie culturelle me tenait à cœur. Je fis appel à plusieurs conférenciers, qui jouissaient d'une certaine notoriété : le professeur Chlomo Balsam engagea le débat sur le thème : *le Judaïsme propose-t-il un type de société ? Si oui, lequel ?*

Il nous présenta également : *Hanouccah, histoire passée et conséquences présentes.* Henri Raczymow, romancier et professeur de lettres au Lycée Michelet à Vanves, nous retraça *la vie et l'œuvre du célèbre conteur, d'expression yiddish, Itshak Leib Peretz.* Yéochoua Rash, ancien ambassadeur

293

d'Israël en Afrique, nous commenta *la visite historique de Sadate à Jérusalem*. M. Toledano, conseiller culturel à l'Ambassade d'Israël, nous donna deux conférences : *Moyen-Orient entre guerre et paix* et *Séfardim et Ashkénazim*. Adrien Borstein, sociologue, décrypta pour nous *la Charte palestinienne et le peuple juif* ; il nous proposa aussi une *analyse socio-historique du fait juif au 20ᵉ siècle*. Alain Sylvain, historien, grand collectionneur de cartes postales, nous conta : *L'histoire du peuple juif, illustrée par des cartes postales*. Avec l'accord de ma direction, il a aimablement accepté de présenter la même exposition devant le personnel du Service du Traitement de l'Information d'EDF. Exposition très suivie et appréciée.

Nous n'avons pas eu que des conférenciers *laïcs*. Nous avons été honorés par le grand-rabbin Chouchena qui nous commenta *le Livre de la Genèse* ; le rabbin Jackie Amar, qui a répondu à la question : *Le Judaïsme c'est quoi ?* Le grand-rabbin Alain Goldman accepta de nous donner une conférence à la Salle Clouet, ouverte à tous les Vanvéens, sur *les droits de l'homme dans le Judaïsme*. Devant une assistance nombreuse, davantage de non-Juifs, vivement intéressés, que de membres de notre communauté, le grand-rabbin a répondu aux nombreuses questions qui lui furent posées. *L'âme populaire*, une revue catholique, rendit compte de cette conférence dans les termes suivants : « *L'assistance nombreuse et attentive était digne de l'autorité religieuse qui nous honorait de sa présence, pour nous entretenir de la Bible, base des droits de l'homme.* »

En juin 1982, une collecte de fonds a été organisée par l'ACCIV, pour apporter une aide financière et marquer notre solidarité à Israël, contraint de mener une action militaire contre les repaires des terroristes palestiniens, au Liban. L'ambassadeur d'Israël nous envoya une lettre de félicitations.

Mais les zizanies se multipliaient au sein du bureau. J'étais harcelé, agacé par des mesquineries et des chamailleries ; le ras le bol finit par rejaillir sur ma vie privée. Fortement déçu et un peu écorché vif, je remis ma démission au président. Je ne voulais plus gaspiller mon énergie en affrontements, après avoir tant œuvré pour notre association, dont j'étais l'élément moteur. Je ressentais à nouveau, l'étrange sentiment d'être *barani*, mal intégré parmi les miens. Mais, soutenu par ma passion pour la mission sacrée à laquelle je me suis voué, toute ma vie durant, au service de la communauté juive et d'Israël, je n'ai pas arrêté le combat, qui ne s'éteindra qu'avec mon dernier souffle. Ce n'est pas ma fin de match !

Les activités ne manquent pas. Je suis un observateur vigilant, un homme d'action, un combattant, continuellement sur la brèche. Je n'abaisse pas ma garde. Je milite par la plume et réagis sans relâche, pour manifester ma révolte, contre le soutien systématique de notre gouvernement à la cause arabe et son hostilité à l'égard de l'Etat d'Israël. Je soutiens l'Etat juif. J'exprime mon indignation contre les mensonges des élus politiques qui diabolisent les dirigeants israéliens, je dénonce l'arbitraire médiatique, l'entreprise de désinformation, la manipulation des médias qui dénigrent Israël : presse, radio et télévision.

Investi dans ma passion, je participe, obstinément et inlassablement, à de nombreux débats d'intérêt juif, à des manifestations contre l'antisémitisme et pour la perpétuation de la mémoire des déportés.

J'ai donné des conférences devant différents auditoires, à Vanves et dans les communautés voisines. Jusqu'en 2005, j'ai réglé et animé avec Orly, la talentueuse animatrice musicale des jeunes de l'ACCIV, les commémorations du *Yom ha Shoah*, le Jour du génocide. A cet effet, j'ai initié le dépôt, par six jeunes élèves *du Talmud Torah*, de six roses au pied de la stèle des victimes vanvéennes du nazisme, érigée grâce à l'action inlassable d'Etienne Raczymow, un héros de la Résistance, qui a malheureusement perdu plusieurs membres de sa famille, victimes de la barbarie nazie. Je lui ai constamment apporté mon concours et, de son côté, il m'a toujours soutenu au sein du bureau de l'ACCIV.

Ma mère est décédée le 16 avril 1976, après une longue maladie. Lorsque j'ai été avisé qu'elle allait très mal, je me suis rendu à son chevet, à l'hôpital. Je lui ai rendu visite tous les jours. Au bout d'un mois, ne pouvant m'absenter davantage, je suis retourné à Paris.

Elle est décédée quarante-huit heures après mon retour. Elle a été inhumée le jour-même de sa mort, de sorte que je n'ai pas pu être présent à ses obsèques. Mon père décédera plus tard, le 11 mai 1987, d'un emphysème pulmonaire. Malgré sa tabagie, il a tenu jusqu'à l'âge de quatre-vingts ans.

Bilan

« Papy es-tu satisfait de la vie que tu as menée jusqu'ici ? As-tu réalisé tous tes rêves ? »

A l'âge de faire mon bilan, mes sentiments sont mitigés. J'ai eu une enfance de pauvre, une période de vaches maigres. J'ai eu des moments très difficiles ; je les ai surmontés.

J'ai connu le meilleur et le pire. Ma vie a été douce-amère mais, au final, bien remplie. Je suis assez satisfait et même assez fier de ce que j'ai pu réaliser de positif et, en même temps, malheureux de ce que je n'ai pas réussi à mener à bonne fin. Examinons d'abord, si vous le voulez bien, les points positifs :

J'ai eu la *baraka*, la bonne destinée. Durant la période la plus noire de l'Histoire juive, j'ai été le témoin de l'horreur. J'ai traversé le désert et survécu à l'enfer de la guerre. J'ai, à plusieurs reprises, frôlé la mort. J'ai échappé à la Shoah. Je suis un miraculé.

Je me suis professionnellement épanoui. A force de volonté et de courage, je me suis réalisé et j'ai réussi mon ascension sociale, prenant ma revanche sur mon destin, au départ précaire. Je n'avais pas grand-chose au départ. Je me suis construit tout seul. Je suis ce qu'on appelle un *self-made-man*, un autodidacte. Je me suis investi, corps et âme, dans le travail, non pas dans l'intention de faire fortune, mais pour réaliser une unique ambition, le ressort profond qui m'a guidé tout le long de ma vie : offrir à mes enfants, ma joie et ma seule raison de vivre, tout ce qui m'a manqué à leur âge. Je voulais qu'ils soient heureux.

Je mesure et savoure le privilège et la chance d'être né en France, un pays de grande culture, de démocratie et de liberté, dans un environnement favorable qui m'a permis de recevoir instruction, éducation et culture. Je n'oublie cependant pas les heures sombres de l'Occupation et du Statut des Juifs.

J'ai fondé une famille réussie, « *Bli aïn arâ*, sans le mauvais œil », qui a occupé une place prépondérante dans ma vie. J'ai veillé attentivement à son bien-être. Je m'enorgueillis d'avoir bien rempli ma mission de chef de famille responsable. Mes enfants n'ont jamais manqué de rien d'essentiel. Je les ai aidés matériellement, à leur démarrage dans la vie. J'ai pu donner sans compter, au prix de sacrifices que je me suis imposés de bon cœur, sans beaucoup penser à moi. J'ai pris ma revanche sur les difficultés de mon enfance.

Mes garçons mènent judicieusement bien leur barque. Ils marchent sur mes traces. Ils ont relayé les idéaux et les valeurs essentielles que je leur ai inculquées : le goût des études et du travail, le devoir de réussite, l'exigence de l'ordre, de la rigueur et de la ténacité, l'honnêteté et la rectitude morale, la confiance mutuelle et le respect d'autrui, les bonnes manières et la *conviviencia,* les convenances, les codes du savoir-vivre en société.

Je ne remercierai jamais assez ma mère, pour la bonne éducation qu'elle m'a donnée et que j'ai pu transmettre aux miens. Je pense souvent à elle.

Mes enfants ont à leur tour fondé une famille. J'ai la joie d'être le grand-père de huit superbes petits-enfants. Vous, mes mignons, vous continuez mon histoire. « *Bé ezrat ha-Chem*, avec l'aide de **D.** », ma descendance est assurée.

Vous, mes petits-enfants chéris, et vos parents, êtes ma raison essentielle de vivre. Comme disait ma mère, en parlant avec amour et tendresse de sa progéniture : « *Vous êtes les prunelles de mes yeux.* » J'éprouve les mêmes sentiments forts pour vous, un immense et tendre amour. Je vous vois grandir, évoluer, progresser, fleurir en beauté comme fleurissent les fleurs d'amandiers. Vous me donnez beaucoup de bonheur.

Vos parents vous ont passé le flambeau. J'espère que vous suivrez la voie qu'ils vous ont tracée et que vous vous montrerez à la hauteur de leurs espérances. Ils s'investissent beaucoup pour contribuer à votre réussite et à votre bonheur. J'y participe de mon mieux. Je pense être aussi un *super papy*. Osez dire le contraire ! En tous cas, je n'ai pas trouvé difficile le rôle de grand-père, qui me va bien.

J'ai également accompli, avec amour, mon devoir filial. J'ai contribué à sortir mes parents de la gêne où ils se trouvaient, d'abord en Tunisie puis en Israël. J'ai consenti, là encore, à d'énormes sacrifices, me privant d'une vie de petit bourgeois, à laquelle je pouvais aspirer. Je n'ai aucun regret.

En résumé, s'il est vrai que, dans ma prime enfance, j'ai été un bon petit diable, je peux prétendre, sans fausse modestie, avoir été, par la suite, un bon fils, un écolier studieux, un vaillant petit soldat, un combattant valeureux ayant bien servi son pays, un mari fidèle, un père attentif, un travailleur consciencieux, un copain estimé, un Juif engagé, un honnête citoyen.

Voilà pour les côtés positifs.

Mais chaque médaille a son revers : j'ai connu la pauvreté et même la misère. J'ai eu une enfance manquée et une adolescence fracassée. J'ai eu la douleur de voir disparaître, prématurément, de nombreux êtres chers que j'ai aimés et qui m'ont accompagné au long de mon parcours.

Je vis avec ces fantômes. Le bonheur n'est jamais parfait. Ma famille est aujourd'hui éclatée, éparpillée dans trois pays : Israël, Etats-Unis, France. J'avais espéré vivre comme un patriarche, entouré de ma tribu, soudée. Je rêvais de passer de grands moments avec mes enfants et mes petits-enfants, vivant en harmonie, tous réunis autour de moi. J'ai la nostalgie du plaisir de manger en famille, des repas pris à table. J'éprouve un sentiment d'abandon.

A mon corps défendant, j'ai dû renoncer à mon rêve le plus cher : réaliser mon *alyah*. Israël, pays exemplaire où devaient ruisseler le lait et le miel, n'a pas répondu à mon idéal d'une société fraternelle, égalitaire et solidaire. J'ai pris amèrement conscience qu'il y avait loin du rêve à la réalité. Vouloir refaire le monde est utopique.

Je pourrais conclure mon récit comme finissent les contes de fées :

« *Papy et mamy se marièrent, eurent trois beaux enfants et huit chouettes petits-enfants, qu'ils chérirent sans limite et qui les rendirent, jusqu'à la fin de leurs jours, les plus heureux des parents et des grands-parents.* »

Je terminerais en souhaitant que Sarah, ma fille chérie, retrouve la joie de vivre, qu'elle croie en son destin, à une vie meilleure, un avenir plus prometteur, rempli de joies et de bonheur, qu'elle partagera avec ses deux petits polissons et un prochain bon compagnon qui la sortira de sa solitude, qui saura l'entourer d'amour et de tendresse. Elle le mérite. Ma fille chérie a vocation au bonheur de l'existence. Mon espoir est que cela se réalise de mon vivant.

Aujourd'hui j'arrive au soir de ma vie, au bout du chemin. J'ai fait mon temps et atteint un âge canonique. Je suis vieux et usé ; la vie se retire de moi, petit à petit, irrémédiablement. J'ai, heureusement, gardé toute ma lucidité. Mon souhait le plus cher est de finir sur un épilogue heureux, de pouvoir tirer sereinement ma révérence, partir en paix, en vous laissant ce témoignage qui vous fera peut-être penser, de temps à autre, à votre grand-père Alex.

Je vous remercie, vous mes petits-enfants, de m'avoir si patiemment posé vos questions et de vous être intéressés à moi et à mon passé. Ça a été, pour moi, un grand moment.

Achevé d'imprimer en novembre 2018
Pour le compte de Z4 Editions

www.ingramcontent.com/pod-product-compliance
Lightning Source LLC
Chambersburg PA
CBHW070341090426
42733CB00009B/1248